袁隆平画传

辛业芸　毛昌祥　王精敏　著

人民出版社

责任编辑：侯　春
封面设计：汪　阳
版式设计：严淑芬
责任校对：黎　冉

图书在版编目（CIP）数据

袁隆平画传 ／ 辛业芸，毛昌祥，王精敏　著 . — 北京：人民出版社，2021.9
（2021.12 重印）
ISBN 978－7－01－023648－3

I.①袁…　Ⅱ.①辛…②毛…③王…　Ⅲ.①袁隆平（1930—2021）–传记–
画册　Ⅳ.① K826.3-64

中国版本图书馆 CIP 数据核字（2021）第 156567 号

袁隆平画传
YUANLONGPING HUAZHUAN

辛业芸　毛昌祥　王精敏　著

人民出版社 出版发行
（100706　北京市东城区隆福寺街 99 号）

中煤（北京）印务有限公司印刷　新华书店经销

2021 年 9 月第 1 版　2021 年 12 月北京第 2 次印刷
开本：710 毫米 ×1000 毫米 1/16　印张：25.25
字数：245 千字

ISBN 978－7－01－023648－3　定价：92.00 元

邮购地址 100706　北京市东城区隆福寺街 99 号
人民东方图书销售中心　电话（010）65250042　65289539

目　录

袁隆平，永远的追梦人..................韩长赋 1

袁隆平代表着农业科学变革的力量.............肯尼斯·奎因 6

一、崇尚教育　不凡家世..........................1

二、颠沛流离　动荡童年.........................15

三、求知善学　峥嵘青少.........................23

四、教学相长　无悔青春.........................39

五、探索未知　洞见未来.........................53

六、执子之手　铸就大成.........................65

七、南繁北育　攻坚克难.........................75

八、挑战拼搏　无止追求........................105

九、比肩国际　寰宇风范........................155

十、播撒和平　造福世界........................187

十一、不忘初心　心系"三农"....................233

十二、国之重器　功勋之尊 ……………………………… 251

十三、传承先明　重教育人 ……………………………… 263

十四、才情艺趣　怡智科研 ……………………………… 281

十五、荣誉瀑至　宁静致远 ……………………………… 299

十六、"袁隆平星"　光耀千秋 …………………………… 329

附一　我在杂交水稻创新研究中的体会 ………… 袁隆平 345

附二　我的粮食梦助圆中国梦 …………………… 袁隆平 347

附三　袁隆平科学思维之我见 …………………… 辛业芸 351

附四　袁隆平院士大事年表 ……………………………… 361

附五　袁隆平院士所获主要奖励 ………………………… 377

后　记 …………………………………………………… 380

袁隆平，永远的追梦人

　　说到科学家对我国粮食安全的贡献，人们首先会想到袁隆平院士。2020年，全球遭受新冠肺炎疫情冲击，一些国家禁止粮食出口，一些国家增加粮食进口和储备，有人担心我国也会发生粮食危机。袁老在媒体上发声：中国不会出现"粮荒"，大家不要担心。作为一位有影响力的科学家，这样回答有他的底气和信心。目前，我国人均粮食占有量是470公斤，远远高于人均400公斤的国际粮食安全标准线，稻谷、小麦库存够全国人民吃一年。米面无忧，饭碗端稳，这离不开袁老等一大批农业科学家的贡献。

　　众所周知，水稻是我国第一大口粮，全国有六成人以大米为主食。在水稻中，杂交稻占了"半壁江山"，每年种植面积超过两亿亩。如果没有杂交稻，中国的水稻是不够吃的。袁老作为"杂交水稻之父"，开创了我国杂交水稻事业，帮中国人端牢了饭碗。袁老非常自豪地说："杂交稻比常规稻增产20%左右，每年增产的粮食可多养活7000万人。"我印象最深的，是袁老三次给我讲他的"小目标"。

　　第一次是在2010年8月。我到湖南考察晚稻生产，专门去拜访袁老。这是我们深交的开始。他当时已经81岁高龄，还在水稻田间奔走。他说，他现在进入"80后"，有个"小目标"，就是用超级杂交稻技术，力争三亩地产出现有四亩地的粮食。这就是后来大家说的超级稻"种三产四"丰产工程。我作为农业部部长，支持粮食生产责无旁贷，当即表示农业部会大力支持，把"种三产四"丰产工程纳入水稻高产创建工作。这个工程已经在湖南省实施了十几年，每年平均能多产二十来亿斤水稻，相当于多出来一个产粮大县。

第二次是在2013年4月。我去位于海南三亚的南繁育种基地看望袁老，他开心地拉着我的手走上田埂，带我看他的团队培育的超级稻"种子选手"，和我共同宣布第四期超级稻高产攻关开始。那是一个艳阳高照的中午，他在太阳下抚摸着稻穗跟我说："我们科研团队制定的时间表是用5年左右实现单产1000公斤，力争3年内取得重大突破，我有九成五的信心。"要知道，当时超级稻刚刚突破单产900公斤的第三期目标，已经很不容易了，而袁老又马不停蹄地开始奔向下一个新目标。我说："袁院士您有信心，我们就有信心。'高点强攻'难度大，农业部会大力支持第四期超级稻攻关研究。"我回京后，让部里为此作了特别安排。两年后，第四期超级稻百亩片平均亩产达到1026.7公斤，提前实现目标。

正是由于对国家粮食安全的卓越贡献，新中国成立70周年之际，袁老被授予"共和国勋章"。当时，在北京人民大会堂举行"共和国勋章"颁授仪式，现场盛况空前，气氛热烈庄重，习近平总书记亲自为袁老戴上了这枚沉甸甸的勋章。我也参加了颁授仪式，感到心里热乎乎的。粮食是国之重器，"共和国勋章"这个国家最高荣誉，袁老受之无愧。我想，这是人民共和国对袁老为代表的农业科学家所作贡献的肯定，也体现了党和国家对粮食与农业的高度重视。2019年年底前，我在海南开"南繁硅谷"建设会，专门到南繁育种基地看望袁老，祝贺他获得"共和国勋章"。袁老回忆起习近平总书记给他颁授"共和国勋章"的细节。总书记问他，超级稻又有什么新进展？他回答说，现在正向18吨（每公顷）冲刺。总书记说，好！他说，这是总书记对他的鼓舞和鞭策。他要发扬老骥伏枥的精神，让超级稻取得预期结果。这是袁老第三次跟我说到他的新目标了。袁老刚刚过了90岁生日，精神矍铄。我开玩笑说，他从"80后"进入"90后"，越活越年轻了，90岁了还下田，了不起。袁老看我跟他开玩笑，更来了精神："5年前我们共同启动的超级稻第四期又有新突破了，试验片亩产上了1200公斤，而且品质和口感也更好了。"我祝袁老健康、成功，和他相约来年一起去收获超级稻。

袁老总是有新的梦想和追求，尽管已经名满天下，但还埋头于田畴，执着耕耘、探索。我记得，2018年4月，我利用去海南参加会议的机会，到南繁育种基地去看望科学家，请袁老和水稻专家谢华安院士吃饭。席间，袁老告诉我，他们的耐盐碱水稻研究取得重大突破，有几个品种的试验亩产达到了500公斤。耐盐碱水稻俗称"海水稻"，很多人因此有误解，以为是在海水里种水稻，其实是在盐碱地上种水稻。袁老说，我们国家有上亿亩盐碱地可以种"海水稻"，如果充分利用起来，能够大幅度增加粮食产量，养活更多的人。他想把我们的饭碗端得再牢一些。我也实事求是跟他交底说，现在我们国家的几大主粮，水稻平衡略余，小麦基本平衡，玉米平衡偏紧。目前，水稻可以满足需要，耐盐碱水稻可以作为一个战略储备品种。

很多人都知道，袁老有个"禾下乘凉梦"："水稻长得像高粱那么高，穗子像扫帚那么长，籽粒有花生那么大。我和同事们工作累了，可以在稻下乘凉……"我理解，这是袁老的"中国梦"：不停地追求粮食高产、更高产、超高产和高品质，让饥饿永久远离中国人，也造福全世界那些还吃不饱饭的人们。这其中蕴含着农业科学家胸怀天下的担当精神。袁老的杰出成就不仅属于中国，而且影响了世界。中国杂交稻已经种植到印度、巴基斯坦、东南亚诸国和非洲等地，种植面积超过 1 亿亩。我祝愿他和他的团队能够继续取得新成绩。

以上这些文字，是我在 2020 年五一劳动节的时候，为了歌颂劳动的光荣和美好，也为了表达我对农业科研战线的劳动者、耕耘者和奋斗者的敬意所写的。在那篇《我的农业科学家朋友》里，专门回忆了我和袁隆平院士的过往。今年1 月份，我到海南出差，还专程去三亚育种基地看望了他老人家。一见面，我们两人不约而同远远地伸出了双手握在一起，我想只有久别的挚友才会是这种感觉吧。袁老向我介绍他和团队的最新研究成果，我认真听着并感受着他的那份成就和喜悦。临别时，我还特意问了袁老的生活和起居，他身边的工作人员说一切都挺好。我跟袁老还约定，下次见面一定一起去田间看看。没想到，几个月后，袁老竟和我们永别了。带着悲伤的心情，我专程到长沙参加了袁老的告别式。我想最后再送他一程，表达心里对袁老的感谢和崇敬。

前几日，业芸同志送来了《袁隆平画传》，想请我作个序。看着书中每一幅图片、每一段文字，仿佛袁老在给我讲着，讲着他的不凡经历和奋斗人生，我的心情久久不能平静。我想，无论多么优美的词语都很难叙述袁老的成就和贡献，也很难表达我对他的崇敬之情。找出写的这篇文章，节选作为代序吧。袁老的精神永在！

韩长赋

2020 年 6 月 20 日

（韩长赋同志，系农业农村部原党组书记、部长）

袁隆平代表着农业科学变革的力量

随着袁隆平教授于 2021 年 5 月 22 日逝世，世界失去了一位伟大的植物学家，中国失去了一位民族英雄。作为"杂交水稻之父"，袁隆平教授为国家的经济转型以及彻底消除饥饿和贫困这一历史性成就，作出了巨大贡献。

袁隆平教授从 1949 年开始在西南农学院学习，2019 年接受习近平主席颁发的"共和国勋章"（对中国公民荣誉的最高认可）。中国的这 70 年，代表着中国历史上一个真正变革的时期，而袁隆平教授在其中发挥了极其重要的作用。

这 70 年也是绿色革命的 70 年。该时期见证了人类历史上全球粮食增产和减少饥饿的最伟大的时刻。同期，贫困和营养不良的水平大幅降低，饥饿和饥荒的发生率也大大降低。

这一非凡成就的故事传遍了全球许多地方，尤其在中国。特别是在过去 40 年里，中国经历了前所未有的农业转型，增加了全国各地的粮食供应，尤其是大米。

与中国这一历史性进步密切相关的名字就是袁隆平教授。从 20 世纪 70 年代初在海南三亚郊外的田野里第一次敏锐地观察到"野败"，到在长沙广受赞誉的湖南杂交水稻研究中心作出的在作物育种方面的突破，袁隆平教授在杂交水稻领域的发明和开发，一直引领着中国传奇般的农业进步和国际粮食的增产。

由于他在培育高产水稻品种方面取得的非凡成就，目前中国一半以上的水稻产量和全球五分之一的水稻总产量来自袁隆平教授开发的杂交水稻品种，这一成就真正为他赢得了"杂交水稻之父"的称号。

从1979年我第一次访华到参加袁隆平教授在长沙主持的2019年稻作发展国际研讨会，我很荣幸能见证这一令人惊叹的成就，并与袁隆平教授多次互动。当他邀请我担任他的国际水稻发展论坛副主席时，我感到无比荣幸。

由于袁隆平教授在开发高产水稻新品种方面取得了一系列非凡的成就，2004年，我怀着极大的自豪感迎接他来到美国艾奥瓦州得梅因接受"世界粮食奖"。该奖项被誉为"诺贝尔农业奖"。

在颁奖典礼上，有来自40多个国家的顶尖科学家和专家出席。被誉为"绿色革命之父"的诺曼·布劳格博士（世界粮食奖创立者）向袁隆平教授颁发了奖杯。他们有一张标志性的合照。这是历史上两位最伟大的植物科学家，他们共同影响了数十亿人的生活。

袁隆平教授站在那里，赢得了世界科技界的掌声，他真实地代表了农业科学在减轻人类因粮食不安全而遭受的痛苦和帮助中国人摆脱贫困方面的变革力量。

到2049年，世界面临着可持续、营养良好地养活地球上 90 亿至 100 亿人口的巨大挑战。我们更需要袁隆平教授取得的突破性成就这一非凡遗产，来激励下一代农业科学家开发出更高产的超级杂交水稻和其他作物品种，以成功应对这一关键挑战，造福全人类。

因此，这本由辛业芸博士等人编撰、记录着袁隆平教授最重大科研进展和突破性创新的图文传记，不仅将纪念他一生的成就，而且还将提醒一代又一代科学家、学生和他的同胞们，展望未来，记住中国和世界上最伟大的农业与人道主义英雄——袁隆平教授的遗产。

肯尼斯·奎因

2021 年 6 月

（肯尼斯·奎因，系世界粮食奖基金会荣誉主席）

一、崇尚教育　不凡家世

在江西省九江市德安县城以东蒲亭镇附城村与共青城金湖乡下寨村交界的地方，有一个小山头称为师古墩，山上有一座千年古塔称作文华塔，建于唐大中四年（850年）。塔共7层，青砖飞檐，是目前九江地区唯一的一座保存较好的千年古塔。文华塔下，是开阔而平坦的千亩良田。青竹畈是个古老的地名，只有上了年纪的村民才知道它。据说明朝时，这里是个人丁兴旺的大村庄、典型的江南鱼米之乡，远近闻名。袁隆平的曾祖父袁繁仁就生活在那里。

据《袁氏族谱》记载，袁繁仁共有兄弟4人，取"三纲五常"中的"仁、义、礼、智、信"排名，"繁"是辈分。

江西九江文华塔

袁繁仁排行老大，生于清道光二十年（1840年），即鸦片战争爆发的那一年。袁繁仁的祖辈世世代代住在这里，日出而作，日落而息，农闲时就到博阳河撒网捕鱼，过着平静、安宁的日子。

太平天国运动时期，德安县一片战乱，动荡不安，民不聊生。一个偶然的机会，押运饷银的清兵遭遇太平军追杀，最后走投无路，只得弃银逃命。恰巧袁繁仁兄弟几个路过那里，轻而易举地得到这笔数额可观的银钱。袁家兄弟商量了三天三夜之后，恋恋不舍地离开了青竹畈，全家搬到德安县城。从此，袁家兄弟团结互助，弃农经商，家道也由此兴旺起来。

如今，青竹畈已不复存在，留给后人的只有文华塔，它依旧孤零零地耸立在那里。袁繁仁兄弟在德安县城，经营各种山货、土特产，诚信经商，物美价廉，生意越做越大，家境逐渐富裕起来，盖了一栋四五百平方米的大房子。有人说，它可能在德安县城大西门老豆腐社一带。据说，新屋共有3层，一层住宿，一层做库房，还有一层做铺面。当时在德安县城，袁家大屋是第一大宅。袁家被后世称为"西园袁氏"，是德安县城里数一数二的望族。袁家人深深地感到，钱财是身外之物，生不带来，死不带走。要振兴袁家、佑及子孙，还是要接受教育，多读书。袁家兄弟特别注重下一代的教育问题，不分男女，到了上学的年龄，就把他们送进当地最好的学堂念书。自此，袁家逐渐由商贾人家转为书香门第。从袁隆平的祖父袁盛鉴、父亲袁兴烈，再到袁隆平五兄弟，都是在这种家风的熏陶和影响下，饱读诗书，开阔视

《袁氏族谱》

野，先后走出德安，成就了一番轰轰烈烈的大事业。

到了 20 世纪初，袁家的产业传到袁盛鉴五兄弟手里，达到了巅峰。鉴于家庭成员太多，不利管理，袁家人决定效仿大宋时期的德安义门陈氏，实行分家，各自发展。袁家兄弟分家后，老大袁盛铎以坐守复丰店铺为主；老三袁盛球与老四袁盛铭留居原地；老五袁盛煌建造了新房；老二袁盛鉴则在德安县城北门附近买下晚清时期的布厅衙门，并进行改造，取名"颐园"。自袁繁仁转行经商后，袁家人的命运有所改变，观念也随之变化，开始重视对后代的教育。袁盛鉴率先不负众望，第一次到省城南昌参加乡试就考中举人，并从旧式的读书人转变为新型的知识分子，接受了大量西方现代教育。清末，筹划宪政时，他进入江西地方自治研究会学习。辛亥革命后，由九江五县同乡会公举，袁盛鉴任过两年的知事记室，在当地颇有名望。二次革命时，孙中山任命他为国民党南九支部部长，不久迁任江西省议会议员，与李烈钧、杨赓笙、王有兰等国民党元勋商榷政见，对江西的单行法有不少规划，主张"立法应因时制宜，因地制宜，否则法虚立而害疏远"。北洋政府时期，贿选成风。袁盛鉴拂袖归乡，锐意搞教育，担任过德安县高等小学校长、县农会会长等职。北伐军兴，他应邀出任广东琼崖行政委员公署秘书，后又任广东文昌县县长。在海南岛，因方言土语障碍，难以沟通，袁盛鉴递交辞呈而归，后任江西平民医院院长，治病救人。

袁盛鉴的家称为"颐园"，具体位置在蒲亭镇北门社区、德安县老一建公司范围内，位于北门大桥西侧下方，是当时德安县城最热闹、最繁华的地方。颐园面积约三四亩，为两层砖木结构、三进"品"字形天井砖石布局，有院墙和庭院，后面还有菜园和池塘，中间建有花坛，两旁各种枣树、柿树一棵。对于这两棵树，袁隆平记得，小时候在颐园吃过树上的枣子和柿子，甜得很。据他回忆，那时家里经常宾客盈门，热闹非凡。由于家大业大、人丁多，家里还有做杂活的雇工。20世纪30年代初，袁隆平跟随母亲华静从北平回到老家，住在颐园。袁隆平的祖父袁盛鉴是位不苟言笑的长者，孩子们都很怕他，不敢随便讲话，吃饭时也是规规矩矩地坐着、老老实实地吃。袁隆平他们再长大一点，袁盛鉴就

颐园门前的石鼓墩

颐园的石构件

教他们兄妹认字。

　　袁隆平曾于 2004 年 9 月,率全家回到家乡德安县。9月 25 日这天,袁隆平一到德安,顾不上休息,就率领家人驱车前往离德安县城 10 多公里的宝塔乡万家村祭祖。徒步半个多小时到了山上,袁隆平和家人找到 6 座亲属的坟墓。袁隆平在祖父袁盛鉴等先人的墓碑前,分别放置了 3 个花圈和 4 个盛满鲜花的花篮。他虔诚地朝袁盛鉴的墓茔行了 3 次大礼后,就跪在墓碑前默哀。随行的家人也都一起跪下,燃香叩拜。家人陆续下山时,袁隆平独自伫立在先人的墓碑前沉思良久。直到薄暮渐渐降临,袁隆平才下了山。古人主张:"贤士举百善,百善孝为先。"从袁隆平积几十年夙愿、

2004 年 9 月,袁隆平祭拜祖父袁盛鉴

率全家千里迢迢回故里祭祖可见，他是一个崇尚中华民族传统孝道美德并使之发扬光大的人。

话说抗战时期，在 1938 年的武汉大会战中，江西是外围战场，德安成为中日双方的必争之地，当年秋天就爆发了举世震惊的万家岭大战。中国军队全歼日军 1 万余人，取得万家岭大捷，并与平型关大捷、台儿庄战役齐名，成为武汉会战外围战的重要组成部分。袁家在德安县城的家产大多毁于战火，只剩下一处读私塾用的房子。老屋私塾的门匾上，还有"颐园"二字。袁隆平同父异母的妹妹袁惠芳，曾在私塾里读书。2013 年 9 月，袁家山自然村的村民自发投

20 世纪 70 年代，袁惠芳在颐园仅存的私塾前看书

入劳力，开始兴建袁盛鉴故居；后为扩大社会影响，又称之为袁家山科普教育基地。

袁隆平的父亲袁兴烈生于 1905 年，1975 年去世。受良好家教影响，袁兴烈从小在颐园成长，酷爱读书，志向远大。长大后，袁兴烈在南京的国立中央大学读书。毕业后，他曾接过袁盛鉴手中的教鞭，担任德安县高等小学的校长和督学。20 世纪 20 年代到 1938 年，袁兴烈在平汉铁路局工作。这段时间里，袁隆平跟随袁兴烈在平汉铁路沿途迁移：北平、天津、江西、湖南、湖北……为避战乱，去了很

袁家山科普教育基地外景（摄于 2015 年 5 月）

游人在袁家山科普教育基地陈列馆参观（摄于 2015 年 5 月）

多地方。在袁隆平的记忆中，袁兴烈是一位典型的中国知识分子，为人正直，讲究礼仪，严肃寡言，谨慎稳重。袁隆平回忆说："在那战火纷飞的年代，父亲对我们兄弟姊妹六人的教育从未有过丝毫的放松，不管辗转到哪里，都要把我们送进学校读书。我们家自曾祖袁繁仁起，就有一个重视教育的好传统。我生长在这个家庭中很幸运，是这一传统的受益者。"

袁隆平为祖父袁盛鉴故居
题字

袁兴烈很有爱国心，抗战期间，在铁路上做了很多为抗日军队运送军火和战略物资的工作。他还慷慨解囊，与福裕钢铁厂厂长陈子山两人筹资捐献了 500 把大刀，赠送给西北军的"大刀队"。可能是因为这个机缘，袁兴烈受到西北军爱国将领孙连仲的器重，做了国民革命军第二集团军驻重庆办事处的上校秘书。1947 年年底，他调到南京行政院侨务委员会任事务科科长。新中国成立后，袁兴烈在重庆赋闲。

袁隆平的母亲华静，出生于 1901 年。袁隆平曾说，对他一生影响最大的有三个人，分别是屈原、李白和母亲华静。华静原名华国林，江苏镇江人，曾在当地教会学校读高中，毕业后在安徽芜湖教书。华静有个妹妹，叫华秀林，毕业于北京协和医科大学护士学校。在芜湖教书期间，华静认识了在国立中央大学读书的袁兴烈。后来，他们结婚了。1929 年，袁隆平出生于北平。当时，华秀林是北平协和医院的护士长。巧合的是，据协和医院的出生证明记载，袁隆平是由林巧稚大夫接生的。林巧稚生于 1901 年，1929 年 6 月毕业于北平协和医学院，7 月成为协和医院妇产科的第一

袁隆平的母亲华静

9

1929 年 8 月 13 日，北平协和医院开具的袁隆平出生证明

对于身份证上标示的出生日期，袁隆平解释说："搞错了！登记的时候，年、月、日都误登了。"尤其是他的生日是农历七月初九，却登记为公历 9 月 7 日，所以，一直被外界误会为袁隆平在 9 月 7 日过生日。

袁隆平的父亲袁兴烈、母亲华静合影

位女大夫。算下来，袁隆平可能是"万婴之母"林巧稚接生的第一批婴儿之一。

婚后有相当长一段时光，华静在公婆家的德安颐园度过。教师出身的华静，温文尔雅，知书达理，辞去工作后，将她平生学到的知识和积累的经验，完全放在教育 5 个孩子上。她

袁隆平的母亲华静

袁隆平的父亲袁兴烈、
母亲华静合影

袁隆平的父亲袁兴烈、
母亲华静（前排左）、姨妈
华秀林合影

非常注意孩子的品德教育，因材施教，开发他们的智力。华
静学识广，很会讲故事，给予了孩子们开启通向知识之门的
钥匙。华静对幼小的袁隆平的启蒙教育，尤其在英文方面的
启蒙，对他一生都有很大影响。

1969 年，袁隆平、
邓则夫妇到重庆看望父母
和父母帮助抚养的大儿子
袁定安时合影

1973 年，袁隆平到重庆看望父亲袁兴烈、母亲华静，华静怀抱的孩子是袁隆平的长子袁定安

　　袁隆平共有兄弟姊妹 6 个：大哥袁隆津，1928 年出生，比袁隆平大一岁。"隆"表示辈分。他因在天津出生，故取名隆津，生前任新疆生产建设兵团会计主任。袁隆平排行老二，因在北平出生，所以取名隆平，乳名二毛。老三袁隆赣，1930 年出生在北平协和医院，因袁隆平的名字中已含北平之义，故取名隆赣，蕴含不能忘记故乡江西之义。出生后，袁隆赣随母亲华静回到德安，被过继给大伯父袁兴煮，生前系九江市物资局轻化建材公司退休干部。老四袁隆德，1932 年出生于老家德安颐园，算是"真正"的德安人，生前

袁隆津（1928—1980）　　　袁隆平（1929—2021）　　　袁隆赣（1930—2017）

袁隆德（1932—2008）　　　袁隆湘（1938—　）　　　袁惠芳（1929—2012）

为重庆市硅酸盐研究所高级工程师。老五袁隆湘，1938年出生于湖南省桃源县，曾任马鞍山钢铁学院副教授，已退休。袁隆平还有一个同父异母的妹妹袁惠芳，为袁兴烈与刘梅蓉所生，仅比袁隆平小两个月，生前系德安县幼儿园教师。

二、颠沛流离　动荡童年

　　1931年九一八事变之后，日本侵占我国东北。因华北局势骤然紧张，华静带着袁隆津、袁隆平、袁隆赣三兄弟南迁，回到老家江西德安，躲避了几年。1936年，举家离开德安，跟着在平汉铁路局工作的袁兴烈来到汉口住下，度过了一段相对平安宁静的日子。

　　1937年7月，全民族抗战爆发。1938年，武汉失守。袁兴烈带着全家，开始了逃难之旅。一家人从汉口乘小木船，沿水路到达湖南省桃源县暂避一时。10月底，袁隆平的五弟袁隆湘在此出生。袁兴烈原定的目的地是逃往湘西的沅

1930年，华静怀抱一岁的袁隆平，右坐者为袁隆津

陵，因为冬季河道水浅，再加上听说湘西土匪很猖獗，他决定改道去重庆。于是，袁兴烈一家重返洞庭湖，再进长江。1939年2月18日，农历除夕，一家人是在停靠于湖北宜昌江边的小木船上度过的；再由宜昌乘船到达重庆，一路上深深感受到流离失所的悲苦。从袁兴烈给孩子们取的名字看，天津、北平、德安、湖南，这一系列地名反映出那个不平凡的迁徙岁月，可算是抗战时期举家颠沛流离的真实写照。

袁隆平与家人在河南信阳鸡公山避暑时合影（大约摄于 1935 至 1936 年间）。照片中，前排从左至右，依次为袁隆德、袁隆津、袁隆平。

　　抗战期间，随着国土沦陷，中国许许多多家庭都有举家逃难的痛苦经历。饥饿、疾病、死亡，时刻伴随着人们。在

2011 年 8 月，袁隆平与妻子邓则、三儿子袁定阳，重游河南信阳鸡公山

袁隆平四兄弟幼年时合影。袁隆津和袁隆平加入了童子军。前排右为袁隆德，正中年龄最小的是袁隆湘。照片中没有袁隆赣，是因为他已被过继给大伯父袁兴焘。

桃源县的日子里，本来灯红酒绿、略显繁华的小县城，经日本飞机轰炸，立时火光冲天、横尸遍地，悲惨的景象使童年的袁隆平触目惊心。经两年颠簸辗转，1939 年春，袁隆平才随家人抵达大后方重庆。到重庆后，袁隆平又经历了"五三""五四"大轰炸，目睹了布满江边沙滩的上百具血肉模糊的尸体，以及携家带口的逃难人群。无数悲恐交加的景象，冲击着袁隆平幼小的心灵。袁隆平的童年以至后来的少年生活，就是在这样动荡的战争年代度过的。

十分重要的一点是，袁隆平的父母始终牢牢把握让孩子受教育的理念，纵使历尽战争风雨，也没有放弃让袁隆平兄弟几个上学读书的机会。在颠沛流离中，袁隆平先后读过三所小学，先是汉口的扶轮小学，然后是湖南澧县的弘毅小学，后来是重庆的龙门浩中心小学。

袁隆平从小好学善思。从龙门浩小学到位于南岸下浩嘉

20 世纪 30 年代，重庆龙门浩小学的教学楼

陵江畔的家这段路上，袁隆平上、下学时，经常与结伴的好友背诵诗歌、讨论功课。他和要好的邻居黎浩一起学习、一起游戏，不但建立了长久的友谊，而且双双成绩突出，在班上排名前十以内。

在龙门浩小学读书时，袁隆平是童子军。那时候，学校的体育老师带领童子军训练，人人手持着童子军棒（类似于红缨枪）操练队形，十分神气。

小学时期，袁隆平（左）与同学黎浩合影

袁隆平最喜爱的运动是游泳，他的游泳技术就是在童年时练就的。那是 1938 年，在湖南省桃源县逃难时，袁隆平乘船过沅江，不慎落入滔滔江水，幸亏一位船工及时相救，才捡回性命。9 岁的袁隆平决心像船工那样学会"划水"，也能在水里救人。他从那时起苦练游泳，不到 10 岁就斗胆去横渡长江，令同学和老师瞠目结舌。以后，游泳成了袁隆平的强项。

少年袁隆平，十分顽皮和贪玩。抗战时期的重庆，日本飞机经常来轰炸，因此，常常拉空袭警报。警报一响，学校就不上课了，师生们必须躲到防空洞里。袁隆平不知轰炸的危险，往往从憋闷的防空洞偷跑出来，到江边去游泳。一次，他带上四弟袁隆德，不顾警报已拉响，不但不去防空洞，反而逃学去游泳。袁兴烈用望远镜远远地看到，气得来到江滩上，将兄弟俩揪了回去。袁兴烈认为，袁隆平不但自已逃学游泳，还拉上弟弟，罪加一等，结果，用板子狠狠地打了袁隆平一顿。

其实，热爱大自然是袁隆平的一种天性。袁隆平小时候，华静酷爱种花养草，把屋前空地和窗台都种满了。袁隆平饶有兴致地帮华静侍弄这些花草，觉得有无穷的乐趣。后来，有件事对他触动很大。那是在汉口扶轮小学读小学一年级的时候，老师带袁隆平他们到郊外的园艺场参观。袁隆平看到红红的桃子挂在树上，还有一串串的葡萄，花也开得很漂亮，感觉空气清新、翠草欲滴。满园五彩缤纷的花朵、鲜

袁隆平当年在重庆龙门浩游泳的地方（摄于2012年）

活水灵的果实，好一派欣欣向荣的景象。他想，这就是古人说的"田园乐"啊！"学农真好，可以看见这么多美的东西，真美呀！"袁隆平被深深地吸引了，赞叹大自然的春华秋实如此令人神往。当时上映的美国黑白电影《摩登时代》也推波助澜，给他印象最深的是人人丰衣足食，处处瓜果飘香、鲜花绽放。就这样，小时候一次郊游的美好印象一直保留在袁隆平心间，甚至影响到他最终选择学农，并与农业、水稻相伴一生。

三、求知善学　峥嵘青少

　　抗日战争期间，在陪都重庆，集聚了当时已沦陷及部分
沦陷地区的机构和学校。袁隆平小学毕业后，几经转学，进
入迁到重庆的汉口博学中学，此后一直在博学中学学习，直
到光复后举家迁回武汉，继续在迁回汉口的博学中学读书，
度过了青少年时代的美好时光。袁隆平一直认为，博学中学
给予的培养和教育，对他的成长起了决定性的作用。

　　博学中学是英国基督教伦敦会创办的教会学校。它的前
身是建立于 1899 年的汉口博学书院，地址为今花楼街交通

武汉博学中学的钟楼

武汉博学中学校园
里的教堂

巷。因创办人为杨格非牧师，所以，书院的英文校名以杨格非的英文名字命名（Griffith John College）。第一任院长是马辅仁牧师（英国牛津大学毕业）。

博学书院开设的课程比较齐全，普通科有圣经、英语、数学、理科、国语（中文）、地理、图画、唱歌、体操，正科开设圣经、英语、数学、理科、国语（中文）。与普通科相比，正科各科的教学程度较深；另外，增设了第二外国语及生理学、经济学、机械学、心理学、地质学、教育学等课程。博学书院自创办伊始，就提倡严谨的教学理念，用严明的纪律来约束学生的行为。书院规定：每周三晚上是全体师生的祷告时间；星期天，学生都到魏氏纪念堂做礼拜。这些充分体现了博学书院的宗教特色和外国传教士在华创办博学书院的初衷。

博学书院的办学特色除宗教外，还注重体育，特别是足球。创办之初的博学书院面积很大，运动场所很多，有容纳数百人的体育室、游艺室，还有篮球场、网球场、田径场、乒乓球室。这种氛围造就了不少体育人才，尤其是足球人才。1921年前后，湖北省的足球队驰名全国，而代表省队出征全国的足球健儿中，十之六七是来自博学书院的学生。

博学书院除中国文史课外，一律用英语教学。袁隆平读书时的校长是胡儒珍博士。胡儒珍从香港大学毕业后，于1929年出任博学中学校长。年轻的胡儒珍上任后，做的第一件事，就是取消私立汉口博学初级中学的一切宗教活动，并且重新调整了课程，教导学生学习英文、国文、数学、自然、中国历史、中国地理、华字（毛笔字）、音乐、图画、体操等知识技能。每天上6节课，下午4时后，为各种球类、田径、游泳等体育活动；每周一早8时至9时为纪念日，其

私立汉口博学中学历任正副校长及各处室负责人一览表

私立汉口博学中学历任正副校长及各处室负责人一览表

姓名	姓别	职务	任职时间	备注
胡儒珍	男	校长	1929-1949	
汪筠庵	男	校长	1950-1952	1949-1950年代理校长
李绍正	男	副校长	1950-1952	1949教导主任
周鼎	男	教务主任	1928-1949	
彭自新	男	调育主任	1928-1938	
耿仁	男	事务主任兼会计	1928-1936	英国人
孔乐德	男	事务主任兼会计	1936-1938	英国人
姚鹏飞	男	调育主任	1938-1946	
胡儒璋	男	事务主任	1938-1946	
胡必达	男	调育主任	1946-1949	
李治齐	男	事务主任	1946-1949	
周庆宣	男	体育主任	1947-1949	
张景华	男	教导主任	1950-1952	1949年兼任工会主席
张希文	男	总务主任	1949-1952	
余家文	男	副教导主任	1949	
彭象九	男	副教导主任	1950-1951	
王传法	男	工会主席	1950-1951	
吴芝茂	男	工会副主席	1950-1951	
甘羚行	男	工会主席	1951-1952	
彭象九	男	工会副主席	1951-1952	
李绍正	男	团支部书记	1949-1952	

袁隆平在私立汉口博学中学读书时的老师们

他 5 天的早晨为朝会。

胡儒珍对学生不仅在学习上要求很严，而且要求德、智、体全面发展。因此，学校经常开展文娱、体育等方面的活动。以后的博学中学一直保留着这一传统，在重视教学质量和思想品德教育的同时，也十分注重文体教育，成为一所学生德、智、体全面发展的中学。袁隆平因此备受裨益，直到老年，他还非常爱好音乐和游泳，并且乐此不疲。

除此之外，重视英语教学，是教会学校的特点之一。不但英语由外国老师教，物理、化学也是外国老师用英文讲课，达到了英文教学的程度。其他课程不及格可以补考，但英语不及格就得留级，所以，博学中学学习英语的风气特别浓厚，老师也很讲究教学方法。对英文有着浓厚兴趣的袁隆平，游刃有余、如鱼得水。当时的英文课，由英国人白格里先生讲授。袁隆平认为，他之后能在频繁的国际学术活动中运用英语进行交流、参加学术讨论会、宣读论文，以及

2009 年，袁隆平重返武汉博学中学，重温中学时代老师们的音容笑貌

2009 年，袁隆平重返武汉博学中学教室

进行合作研究和技术指导等，正是博学中学良好的英语语言环境给他打下了扎实基础。

少年袁隆平虽然好玩，读书却十分爱动脑筋。有一次上数学课，老师讲乘法法则：正正得正，负负得正。这使袁隆平感到很难理解：正数乘以正数得到的是正数，为什么负数乘以负数也得正数？还有一次上物理课，老师讲著名的爱因斯坦方程式 $E=mc^2$，E 代表能量，m 代表质量，c 代表光速，光速是很大的数，很小的质量中却蕴藏着极大的能量。袁隆平想，为什么能量是质量乘以光速的平方呢？如此等等。探求知识奥秘的志趣，不知不觉就在袁隆平心中涌动。

博学中学出了两位院士，就是袁隆平和与他同桌的林华宝。这对同桌很特殊。袁隆平游泳游得好，林华宝数学学得好。他们两人"达成协议"，袁隆平教林华宝游泳，林华宝帮袁隆平解数学题。结果，袁隆平教会了林华宝游泳，林华宝也帮袁隆平解答了数学题。多年后，袁隆平和林华宝在中国工程院院士大会上见面。林华宝告诉袁隆平，他在单

袁隆平与林华宝出席中国工程院院士大会时在一起交谈

位举行的游泳比赛中夺得第一名。而袁隆平则笑称自己的数学"依然故我"，遗憾数学没学好。

1947 年 6 月，袁隆平在汉口博学中学读高中时，湖北省举办全省体育运动会。学校挑选了十几名体格魁梧的学生，参加汉口市的游泳选拔赛。喜爱游泳的袁隆平由于欠发育，个子矮小，未被老师选中。但第二天早晨，十几个身材高大的学生在体育老师带领下，每人骑上一部自行车奔向游泳比赛场地时，袁隆平偷偷跳上最后一名同学的单车衣架跟了去。待到达比赛场地，带队老师对袁隆平说："你既然来了，就试试看吧！"结果，出乎大家意料，袁隆平竟在汉口市的游泳预选赛中获自由式 100 米和 400 米两个第一名，后来还在湖北省运动会上取得两块游泳银牌，这成为袁隆平引以为傲的光荣史。

1947 年夏，袁隆平（前排左一）作为私立汉口博学中学高中游泳比赛选手，参加湖北省运动会

袁隆平的中学时代，经历了从重庆到武汉再到南京的过程。因为袁兴烈在行政院侨务委员会做事务科科长，随着国民政府还都南京，全家也来到南京，袁隆平进入国立中央大学附中念完高中。1949 年 4 月，南京解放前夕，袁隆平又随全家迁至重庆。

高中毕业时，袁隆平面临着升大学的选择。袁兴烈劝他报考名牌大学，将来出人头地。而袁隆平却另有打算，怀揣年幼时对"田园乐"生活的向往，他幻想自己将来也办园艺场，悠然享受田园之美、农艺之乐。天性热爱自然的袁隆平立志学农，选择了地处重庆北碚、与复旦大学有渊源关系的相辉学院的农学专业，作为第一志愿。

1938 年，上海复旦大学内迁至北碚夏坝建立临时校址；抗战胜利后，于 1946 年 6 月迁回上海。复旦大学同学会决定，在北碚复旦大学原址筹办一所学校，

相辉学院校门和旧址

立于重庆北碚的相辉
学院旧址纪念碑

为纪念复旦创始人马相伯和校长李登辉，定名为"相辉学院"，设文史、外文、经济、会银、法律、农艺六系和会计统计、农业两个专修科，1946年9月招生。1950年11月，相辉学院农艺系和农业专修科，与四川大学、四川省立教育学院的农业系科合并组建西南农学院。至1952年院系调整时，西南农学院又进一步合并了四川、云南、贵州多所高校的农学系科。相辉学院的主要建制则并入四川财经学院。

父母最终尊重了袁隆平的选择，他如愿以偿，入学私立相辉学院农艺系。1949年11月，重庆解放。1950年，袁隆平转入西南农学院农学系，校址仍在重庆北碚。

1952年，西南农学院组织学生到农村参加土改，深入田间地头，与农民吃住在一起。这是真正的又苦又累、又脏又穷的真实的农村，与小学时参观的园艺场有着天壤之别。虽然理想与现实有较大冲突，但袁隆平还是认为，既然选择

大学时期的袁隆平

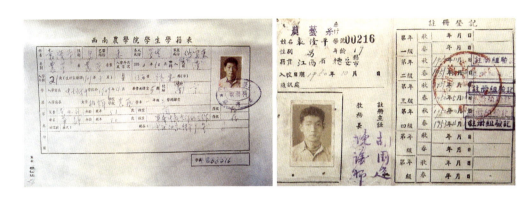

袁隆平就读西南农学院
时的学生学籍表和学生证

学农，就没什么后悔的。他甚至暗下决心，立志改造农村，为农民做点实事。加上新中国刚刚诞生，作为新中国成立后的第一批大学生，袁隆平深感要学以致用，做一番事业。学农的学生肩上应该有这副担子，就是帮助农民提高粮食产量，改善他们的生活。

袁隆平不是书呆子气十足的人。他学的是遗传育种专业，任课老师管相桓教授崇尚孟德尔的遗传学。管相桓曾说，米丘林的"环境影响"学说是"只见树木，不见森林，只见量变，不见质变，最后什么都没有"。这对袁隆平影响很大。尽管当时一切向苏联看齐，遗传学只能教苏联米丘林、李森科的一套，可袁隆平利用大量课余时间，阅读国内外多种中外文农业科技杂志，了解孟德尔、摩尔根的遗传学观点。

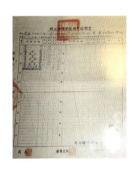

私立相辉学院转学证明书

爱好文体的袁隆平，向同学梁元冈请教学会了拉小提琴，而且特别喜欢拉意境优美的小夜曲。除了音乐，袁隆平酷爱游泳，同学们十分乐意请袁隆平当游泳教练，他时常带同学们去重庆南温泉游泳。在北碚夏坝读书的时候，前面就是秀丽的嘉陵江，袁隆平他们经常沿着一溜儿下到江边的石

袁隆平在西南农学院
的毕业证明书存根

33

大学期间的袁隆平

袁隆平（第一排左一）在西南农学院读书期间，与
同学一起到重庆南温泉游泳

袁隆平（左）与同学
梁元冈（右）、陈云铎游泳
后亮胸肌

2000 年 10 月，袁隆平在昔日就读于重庆相辉学院时下到嘉陵江边游泳的地方留影

1951年，西南农学院欢送参干同学留影，第一排右三为袁隆平

1952年，准备当空军的袁隆平（后排左四）

阶去江里游泳。游泳锻炼使袁隆平练就了一副肌肉发达的倒三角身材。同学们从远处看到一个摇摇摆摆的三角形上身的人走过来，就知道那是袁隆平。

当时，四川省分为4个行署区——川东、川南、川西、

川北，北碚是川东区的首府。1952年，贺龙主持举办西南地
区运动会。袁隆平代表川东区到成都参加比赛，因为成都小
吃又多又好吃，吃坏了肚子，影响了比赛中的发挥，只得了
第四名，而前三名都被吸收进国家游泳队。袁隆平被淘汰，
没能成为专业游泳运动员。

　　由于身体素质好，袁隆平在1952年报考空军飞行员。
那时，空军从西南农学院800多名学生中选拔飞行员，36
个项目，一个项目不合格就被刷掉。经过严格的体检，只
有8个人合格，袁隆平是其中一个。进入空军预备班学习之
前，同学们举行庆祝八一建军节晚会，准备在第二天到空军

西南农学院1952学年
度毕业同学留影，袁隆平
在倒数第二排左五

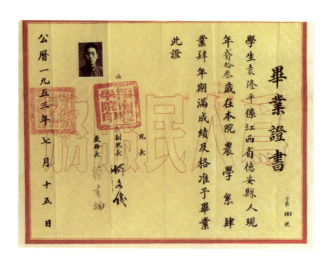

袁隆平的大学毕业证书

1979年，袁隆平回母校西南农学院探望，在校园内的共青花园留影

院校正式受训。可是晚会之后，宣布大学生学员一律退回。主要因为抗美援朝战争的形势已经缓和，再者，国家在1953年要开始实施第一个五年计划。当时，全国大概只有20万大学生，大学生非常稀缺，而空军只需招收高中生就可以了。因此，袁隆平等考上空军飞行员的学生没有去成。

袁隆平遭遇两次被淘汰，无缘国家游泳队和空军，没有成为专业运动员和军人。大学毕业时，同学们给予袁隆平一个鉴定：爱好——自由，特长——散漫，合起来就是自由散漫。他是一个不爱拘礼节、不喜欢古板、不愿意一本正经、不想受到拘束的人，思想是开放式的，喜欢过自由自在的生活。

四、教学相长　无悔青春

安江是距湖南省黔阳县城 4 公里的一个城镇。在群山环抱中，展开一片相对比较开阔的田垄，奔涌的沅江蜿蜒而过，江边的苍苍古木中有几栋房屋，原来是湘西古刹圣觉寺所在地，新中国成立后，在这里办起一所中等农业技术学校——安江农业学校。1953 年 7 月，袁隆平从西南农学院毕业后，被分配到湖南省农林厅，随后被下派到湘西的安江农校任教。

当时由于交通不便，袁隆平从重庆到安江农校，花了八九天。由湖南省农业厅管辖的安江农校，地处黔阳县安江镇，虽地处偏远，但群山苍翠、风景秀丽。最让袁隆平兴奋不已的，是学校旁边清澈流淌的沅江。他到学校后的第一件事，就是丢下行李，直奔江边，来了一个酣畅淋漓的沅水之泳。

在这里，袁隆平开始了长达 18 年的教书生涯。那时是新中国成立初期，全国处在学苏联、学俄文的高潮

1953 年 8 月，湖南省农林厅为袁隆平开具的工作介绍信

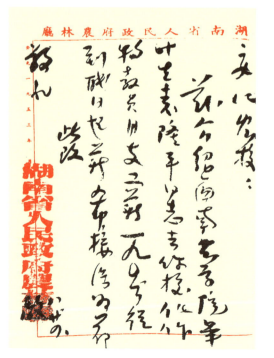

20世纪50年代湖南省安江农业学校的校门

中。袁隆平刚到学校的时候，外语课改为学俄文，正缺俄语教师。校领导认为袁隆平在大学期间学过俄语，就安排他做俄语老师。后来，学校遗传学教研室觉得，学遗传育种专业的袁隆平应该学以致用，又把他调到专业课程教研室。同时，袁隆平还担任农学班的班主任。

袁隆平当班主任有个特点，就是注重发挥团支部书记、班长、学习委员"班三角"的作用。他带着学生们搞各种各样的活动，课余拉小提琴、教唱俄语歌、带"旱鸭子"学游泳、踢足球等等。对于学生的学习，他特别讲究方法。比如学俄语，袁隆平组织学生们唱《喀秋莎》《红莓花儿开》等苏联歌曲；还编了简单的相声，用俄语排练，他和学生一同上台表演，以加深印象；并组织学生与苏联对口学校的同学用俄文通信，提高他们学习俄文的兴趣。这些办法确实收到了很好的效果。

1957年7月，袁隆平（后排右）与即将毕业的"班三角"合影

当时，安江农校对体育锻炼抓得很紧，每个学生都要达到"劳卫制"的标准。班主任袁隆平是个多面手，他发挥自己跑步等田径强项的优势，早晨带领大家练跑步、练跳远，教练短跑如何冲刺，指导学生积极锻炼达标。

为了把课上好，袁隆平经常带领学生去农田并爬雪峰山，采集实物和标本，自制图解，自编教程，让学生们亲身实践、亲手操作，深化他们的记忆和理解。他还在班上成立了一个科研小组，带着学生搞试验、组织课外活动，把课堂知识的学习与实践结合起来。

袁隆平参加安江农业学校运动会的跑步比赛

1957 年 7 月，袁隆平
（第二排左四）与首批学
生——安江农业学校农
303 班全体同学合影

1957 年 7 月，袁隆平
（第二排左六）与首批学
生——安江农业学校农二
班全体同学合影

　　就这样，袁隆平和学生们一起风餐露宿，打成一片，像
兄长般关心、呵护着全班每一个同学。

　　1956 年，恰逢党中央号召向现代科学进军，国务院组
织制定全国科学技术发展远景规划纲要，袁隆平思考着如何

真正做点研究。为此，他在教书之余带领学生科研小组做试验，希望学以致用，搞出一个高产作物或新品种。

新中国成立初期，全盘照学苏联，苏联生物学家米丘林、李森科的无性杂交学说相当盛行。他们的理论认为，无性杂交是可以成功地改良品种或创造新品种的，这种论断在当时影响着中国农业科学的发展方向。无性杂交，就是通过嫁接和胚接等手段，将两个遗传性不同的品种的可塑性物质进行交流，从而创造新的品种。袁隆平对待科学的态度是实事求是，他要教会学生动手动脑，把书本上的理论放到实践中去印证。根据李森科的无性杂交理论，袁隆平尝试进行无性杂交、营养培植、环境影响等试验。他把月光花嫁接到红薯上，希望通过月光花光合作用强、月光素能促进植物生长发育的优势，多制造淀粉，提高红薯产量；又将西红柿嫁接到马铃薯上，希望地下长出马铃薯，茎上结满西红柿；还把

图为安江农业学校教学楼。袁隆平从这里开始向现代科学进军。

西瓜嫁接到南瓜上，希望得到新型瓜种。所有这些试验，目的都是获得优良的无性杂交品种，提高作物产量。嫁接的作物成活了，长势不错，只是月光花与红薯的生长期不完全同步。为了达到让月光花在短光照下结籽的目的，袁隆平把自己的床单用墨水涂黑，拿来给试验作物遮光。在那个物资匮乏的年代，他这叫一个"败家"呀！这些稀奇的试验，在当年确实结出了一些奇花异果。比如月光花嫁接红薯，地下长出的红薯很大，最大的一个有17.5斤，号称"红薯王"。因此，袁隆平还出席了1960年在湖南武冈县召开的全国农民育种家现场会。当时，袁隆平兴奋地以为，这一成果说明，已经找到了增加作物产量的方法。但他清楚，这个试验才进行了一半，是否成功，要看收获的种子在第二年的生长情况。如果它能把前一年呈现出的优异性状稳定地遗传给下一代，那才算成功；否则，这个试验在生产上毫无意义。

第二年，他把培植这些奇花异果获得的种子种下去，发现地上照样开月光花，地下却不再结红薯了；西红柿下面不再结马铃薯，马铃薯上面也根本不结西红柿。所获优良变异没有获得遗传，正如他担心的那样，嫁接出来的种子不能把上一代的优良性状遗传给下一代，试验以失败告终。袁隆平陷入深深的思考之中，他对无性杂交的一贯正确性产生了怀疑。就这样，照着米丘林、李森科的理论搞了3年，袁隆平终于意识到，这种方法不能改变作物的遗传性。

1957年，《参考消息》刊登了DNA双螺旋结构遗传密码研究获得诺贝尔奖的消息，表明国外的遗传学研究已达到分子水平。袁隆平感到，搞无性杂交、环境引诱、风土纯化，实际上是在走弯路。在看书、查资料过程中，他从外文杂志上了解到孟德尔、摩尔根近代遗传学说的新动向。这种学说虽被斥为邪说异端，是"反动的、唯心的"，但袁隆平认为，科学学派之争，不能简单地等同于政治问题。他带着遗传性状的物质基础到底是什么，以及自己多年从事无性杂交研究产生的无性杂种为什么不能遗传等现实问题，开始从理论与实践的结合上深入研究。袁隆平决心抛开米丘林、李森科的学说，回到孟德尔、摩尔根的遗传学说上来。当年，袁隆平给学生讲授遗传学课程时，还没有一本由教育部门正式颁布的教科书，教学中只能讲米丘林、李森科的学说。但是，袁隆平偷偷给学生们讲孟德尔、摩尔根现代遗传学的知识，并提醒他们要重视探索科学真理、寻求真谛。与此同时，他从文献中进一步了解到，孟德尔、摩尔根经典遗传学不再停留在理论上，染色体学说和基因学说已对品种改良起到了很重要的作用。于是，他试着用孟德尔、摩尔根的遗传学理论来指导育种。可以说，孟德尔、摩尔根遗传学说的基本原理，为袁隆平后来打开杂交水稻研究大门起到了关键的启迪作用。

1960 年前后三年困难时期，由于受自然灾害影响，粮食严重减产，全国粮食实行定量供应。普遍吃不饱饭的情况，让人民深切体会到什么叫作"民以食为天"，并感受到粮食的重要性。安江农校食堂做的是"双蒸饭"，里面加了苏打，经过两次蒸煮，米饭的体积增加了许多，刚吃下去觉得很饱，但转眼就有饿的感觉。袁隆平回顾那段刻骨铭心的生活时说："肚子空空，身体没力，双腿没劲。晚上睡觉，被窝冰凉，始终也睡不热，身体没能量嘛。"人们吃不饱，面黄肌瘦，忍饥挨饿，经常看到饿殍。他就亲眼看见过 5 个饿殍：倒在桥下、倒在田里、倒在大路旁……那种惨状，刺痛了袁隆平的心。他作为一名农业科技工作者深感自责。既然学了农，又受国家培养，理应为国家、为社会作贡献，改造农村，不让老百姓挨饿！这个想法，至今仍然牢固地扎根在袁隆平的头脑中，也是驱使他孜孜不倦地研究提高粮食产量方法的重要原因。

袁隆平最初搞红薯的育种研究。他响应中央关于"全党动手大办农业、大办粮食"的号召，按照安江农校教学、生产、科研相结合，师生深入农村、支援农业的部署，带领学生下农

袁隆平（右一）为培训学员讲解科研试验有关田间操作技术

47

村实习，搞红薯高产垄栽试验，产量最高的一兜达到 20 斤！

在袁隆平的印象中，小时候吃到父亲袁兴烈从天津带回的小站米，特别好吃，因此，袁隆平对米有一种莫名的感情。特别是看到南方 90%—95% 的粮食是水稻，他意识到水稻才是我国的主要粮食作物之一，更是南方的首要粮食作物。从 1960 年起，他锁定的目标从研究红薯转为研究水稻，开展水稻直播试验、密度试验等田间试验。其中，直播试验每亩比一般的稻田增产 90—100 斤。

袁隆平了解到，农民从高山上兑换种子回来种，叫作"施肥不如勤换种"。他对农民的经验产生了深深触动，意识到农民的紧迫需要就是良种！这是最经济、最有效的提高产量的办法。

袁隆平查阅文献，了解到西方发达国家的遗传学研究已经有了长足进步，孟德尔、摩尔根的遗传学理论也已在生产上应用，并获得明显效果。比如 1923 年，美国科学家通过 10 年的杂交玉米试验，成功地将玉米产量大幅度提高；后来，在墨西哥又培育出增产显著的小麦品种。世界五大作物（水稻、小麦、玉米、棉花、油菜）中，只有水稻在培育优质、高产品种方面停滞不前。

当时农业育种研究工作中最流行、最简单，也最有效的方法，一是系统选育，二是从国外引进的材料中去选。系统选育就是从一个群体中选择表型良好的变异单株加以培育，特别是在农民的田里选优良单株，再优中选优。于是，袁隆平按照系统选育的方法，从水稻抽穗到成熟期间，到田里挑选优良品种。

1961 年 7 月的一天，他和往常一样，来到安江农校的试验田选种。突然，在一丘早稻田块里，袁隆平发现一株形态特优的稻株，"鹤立鸡群"，长得特别好。穗子大，籽粒饱满，10 多个有 8 寸长的稻穗向下垂着，如瀑布一样。挑一穗数一数，籽粒竟有 230 粒！他如获至宝，推想这样的品种，每亩产量可以有上千斤，认为发现了好品种！袁隆平心想：亩产千斤有可能实现了！为此，他感到非常兴奋。

稻子成熟时，他收了种，准备在第二年春天种上 1000 多株，检验一下奇迹能否诞生。但是，稻株抽穗后让他大失所望，抽穗早的早、迟的迟，高的高、矮的矮，参差不齐，没一株有它们"老子"那个样子。这让袁隆平很失望，他坐在田埂上，呆望这些高矮不齐的稻株。突然，他在失望之余产生了灵感：水稻是自花授粉植物，纯系品种是不会分离的，可这些水稻材料为什么呈现分离呢？这种性状参差不齐的表现，是不是就是孟德尔、摩尔根遗传学所说的分离现象呢？因为只有杂种的后代才可能出现分离。

"鹤立鸡群"的稻株

善用直觉思维、把握灵感顿悟，这是袁隆平科学思维方式颇具魅力的特征。直觉思维属于一种创造性思维，它的表现是：长期实践活动期间积累的潜在知识，被"激活"成为一种思维元素参与到新的思维过程之中，造就出激动人心的直觉创造成果。所谓直觉的洞察力、灵感的顿悟，正是这样。爱因斯坦认为，直觉的创造性思维是建立在经验基础上的。灵感不会来自神灵，好比现在的根，深扎在过去，具有它得以发生的实践基础。袁隆平对灵感的领悟是十分深刻的，他曾经这样说：灵感在科学研究中，与在艺术创作中一样，具有几乎相等的重要作用。灵感是知识、经验、追求和思索等综合在一起的升华产物，往往由某一外界因素诱发而生，即所谓触景生情。同时，灵感常以一闪念（即思想火花）的形式出现。因此，在科学研究过程中，切勿放过思想火花。正因为如此，袁隆平时常在灵感火花的闪现中书写神奇。

他分析前一年选到的那株优良水稻出现了分离，其本身是不是就可能为一株杂交稻呢？杂种优势不仅在异花授粉作物中存在，在自花授粉作物中是不是也同样存在？对于灵感的昭示，他迅速反应，进行反复统计：高矮不齐的分离比例正好为 3：1，完全证明符合孟德尔发现的分离规律！这使袁隆平断定，头年选到的那株鹤立鸡群的水稻，是一株天然的杂交稻！

学遗传育种专业的袁隆平也具备这样的基本知识：水稻是自花授粉植物，一般来讲，天然杂交的概率为 1‰—2‰。现实中也看到，在湖南有些籼粳混作的地方，糯稻是粳稻，在糯稻田、粳稻田里，经常有被叫作"公禾"的现象出现，也叫"冬不老"。后来证实，"公禾"实际上就是 1‰—2‰ 异交率中的天然杂交株，表现优势强，往往就是鹤立鸡群的，但不结实。若干年后，受"公禾"启示，袁隆平认为，它就是籼粳杂种。后来，他搞籼粳亚种间杂种优势利用研究，正是来自这一启示。

由于这两点启发，袁隆平断定，水稻具有杂种优势！尽管当时的学术界认为水稻是自花授粉植物，没有杂种优势，但这 1‰—2‰ 的天然杂交率被他幸运地碰上了！ 1963 年，袁隆平通过人工杂交试验发现，的确有一些杂交组合具备优势现象。他推断，自然界既然存在天然杂交稻，那么，水稻这种自花授粉作物存在杂种优势就是确实的。既然天然的杂交稻有优势，人工培育的杂交稻也必定有优势！可以通过人工的方法，利用这一优势。他从此认定，利用这一优势是提高水稻产量的一个途径！从而率先在我国研究杂交水稻。

五、探索未知　洞见未来

袁隆平十分推崇"大胆质疑"的科学精神。许多科学家认为，提出问题比解决问题更重要，质疑是科学研究的出发点、技术创新的原动力和获得成功的先决条件。袁隆平为了找寻质疑的答案，而赫赫然闯出一片片新天地。

为找到研究杂交水稻的理论依据，他自费专程跑到北京，拜访中国农业科学院著名遗传学专家杨国荣；并到中国农业科学院作物育种栽培研究所，虚心地向曾经在摩尔根担任过系主任的美国著名的加州理工学院生物系获得博士学位的鲍文奎老前辈请教。鲍文奎十分赞赏袁隆平，鼓励他在科研上要敢于大胆探索。在中国农科院图书馆里，袁隆平阅读了大量专业杂志和外文资料，对遗传育种学科前沿的基本情况、相关理论、探索的热点问题、杂交育种的实际进展等，有了更多的了解。

他看到的经典遗传学理论认为：稻、麦等自花授粉作物，在进化过程中经过长期的自然选择和人工选择，淘汰了不良基因，积累和保存下来的几乎都是有利基因。美国著名遗传学家辛诺特、邓恩和杜布赞斯基所著《遗传学原理》一书，在论述不同生物体的杂种优势时，以小麦为例，明确指出，自花授粉作物"自交不会使旺势消灭，异交一般不表现

不同生物体的杂种优势　已經知道自交对有些生物体（玉蜀黍）是經常有害的，其他則偶而有害（果蠅），亦有完全無害的（小麦）。这种差别是受不同物种的生殖生物学所約束的。如果像小麦，自花受精是正常生殖方法，隱性有害突变在其發生之后立即同質化，因而几乎像有害显性突变一样迅速而有效地消灭了。小麦大多数基因的同質化是这种物种在进化發展过程中所适应的正常状态。所以，小麦自交不会使旺势消灭，异交一般不表現杂种优势。

異体受精的物种，有害显性突变型立即消灭，而有害隱性突变型則容許在异質体状态中累积起来。因此，果蠅屬自然群体的大多数个体是体染色体上有害隱性的异質体，在 X 染色体上即發現有害基因，由于隱性突变基因可以在雄蠅的表現型上显現，有害突变得以消灭。由此可知，近亲繁殖可使大多数异体和且

《遗传学原理》的封面和引文部分书影

杂种优势"。因而，作物遗传育种学界对水稻这一严格的自花授粉作物的杂种优势现象，普遍持否定态度。其论点是：异花传粉植物自交有退化现象，因此，杂交有优势现象；自花传粉植物自交无退化现象，因此，杂交无优势现象。对此，袁隆平陷入深深的思考。他始终认为，这种论断仅是一种形式逻辑上的推理，没有实验根据。他联想到鲍文奎指出的"实事求是才是做学问的态度"，既然玉米的自交系（纯系）所配杂交种有杂种优势，水稻品种（纯系）就不会没有杂种优势。

　　袁隆平决心揭示出水稻天然杂交的奥秘与规律。他思考、分析的结果是：作物杂交有无优势，决定性因素不在于自花授粉或异花授粉的繁殖方式，而应该在于杂交双亲的遗传性有无差异。只要有差异，就会构成杂种内在的生物学矛盾。这种矛盾能够促使杂种的生活力增强，就会产生杂种优势。那么，只要探索出其中的规律，就一定能够遵循这一规

袁隆平

律，培育出人工杂交稻来。将这种杂种优势应用到生产上，就可以大幅度提高水稻的产量。

水稻属于自花授粉作物，颖花很小；而且，一朵花只结一粒种子。如果依靠人工去雄杂交的方法来生产大量杂交种子，到大田生产上是不可能的。必须选育一种雄性不育的特殊品种。这个品种雄花退化，雌花却是正常的。这个现象在自然界存在的概率是万分之一，叫雄性不育。这种特殊的水稻叫雄性不育系，只要给这种"母稻"授以正常的花粉，就能授精结实。借助不育系，可以解决不要人工去雄，就能大量生产第一代杂交种子的问题，又可以节约人工、降低成本。但这不仅需要"母稻"保持住雄性不育的特点，能够代代相传；还必须有"公稻"存在，以保证"母稻"结籽。所以，袁隆平设想采取三系法技术路线，通过培育雄性不育系、保持系、恢复系，实现三系配套，达到利用水稻杂种优势的目的。具体讲，就是培育出水稻雄性不育系，并用保持系使这种不育系不断繁殖；再育成恢复系，使不育系的育性得到恢复并产生杂种优势，从而实现应用于生产的目标。

确立三系法技术路线以后，袁隆平计划将整个问题分解成几个子问题；相应地，将整个问题的解决，分解成几个阶段性目标：寻找雄性不育材料，培育不育系，培育或筛选保持系和恢复系，选配优势组合，提高制种产量等。

在当时，培育杂交水稻是一道世界级科研难题。美国、日本、国际水稻研究所都开展了这方面的研究。美国人琼斯在 1926 年首先发现水稻雄性不育现象，提出水稻具有杂种优势；后来，印度的克丹姆、马来西亚的布朗、巴基斯坦的阿乃姆，以及日本的冈田正宽、胜尾清、新城长友等人都进行了水稻杂种优势的研究，却始终停留在理论研究上，没有实际生产价值。国际水稻所曾进行过选育杂交水稻研究，但由于杂种优势不强，或制种问题未能解决等原因，后来中断了。美国在 20 世纪 70 年代初开始研究杂交水稻，获得了不育系，然而不育性不过关。1971—1975 年，加州大学对水稻的杂种优势进行研究，153 个组合中有 11 个的产量显著超过最好的对照品种，增产幅度平均达 41%，而三系一直未配套，因而在生产上无法利用。这些是后话。当时，袁隆平想，外国人没有搞成功的，难道中国人也搞不成功吗？他决计试试！

据文献记载，对杂交玉米、杂交高粱的研究是从天然的雄性不育株开始的。借鉴利用玉米和高粱杂种优势的经验，袁隆平考虑，水稻之所以会天然杂交，一定有天然的雄性不育株！

1964 年六七月间，水稻开始进入抽穗扬花的时节。袁隆平一头扎进正在扬花的稻海中，苦苦寻觅天然的水稻雄性不育株。他每天都像大海捞针一样，冒着酷热，满

师生讨论花粉的败育方式

袁隆平与助手在实验室观察水稻雄性不育材料

怀希望，顶着似火骄阳，在茫茫稻海中寻找。但时间一天天过去，那种开着特异花蕊的稻穗在哪里呢？眼前所有的稻穗都是正常的，找到病态的雄花就像大海里捞针。

"退化的雄花！"袁隆平惊喜地大声喊叫起来。其实，这也是他第一次见到这样奇异的雄花。花开了，但花药瘦得很，里面没有花粉，退化掉了，可它的雌蕊是正常的。正常的水稻开花，颖花张开，雌蕊较小，雄蕊很大、很惹眼，上面布满鲜黄色的花粉。风吹过来，花粉洒到雌蕊上，让雌蕊受孕，从而繁殖后代。但这一植株上的稻花，雄蕊都是寡白的，花药不开裂，即使震动也不会散粉。这样的雄蕊，基本

袁隆平（前右）与时任安江农业学校校长管彦建（前中）、李必湖（前左）等人一起观察杂交水稻

袁隆平向学生试验组讲解水稻试验材料有关指标测定操作要求

上可以断定是不能生育的。袁隆平
用放大镜反复观察，满心欢喜，这
的确是一株病态雄花。

袁隆平有一个判断：要么是没
有花粉，要么是花粉发育不正常，
因而不能起到授精作用。这一株恰
恰与他的判断相符。于是，他立刻
将花蕊采回学校实验室做镜检，发

袁隆平通过镜检，发现
了第一株水稻雄性不育株

现果真是一株花粉败育的雄性不育株！真叫作功夫不负有心
人。袁隆平坚持 14 天，终于拿放大镜在观察了约 14 万个稻
穗后，从洞庭早籼这个品种中发现了第一株雄性不育株！这
意味着，攻克杂交稻育种难题跨出了关键的第一步。

1965 年，又在水稻抽穗扬花的季节，袁隆平带领助手以
及新婚不久、身为农业技术员的妻子邓则，继续逐穗寻觅雄
性不育水稻。他们每天头顶烈日，脚踩烂泥，低头弯腰，在
安江农校实习农场和附近生产队的稻田里，仔细搜寻雄性不
育株。

袁隆平在试验田中种
植的水稻雄性不育研究试
验材料

试验测算表明，水稻雄性不育
株的发生概率大约为三千分之一。这
样，袁隆平他们在 1964 年、1965 年
两年先后检查了几十万个稻穗，在栽
培稻洞庭早籼、胜利籼、南特号以
及早粳 4 号品种中，找到 6 株天然
雄性不育植株。根据这些雄性不育

袁隆平第一篇论文《水稻的雄性不孕性》的插图

袁隆平试验用盆钵育苗

株的花粉败育情况，表现为3种类型：(1) 无花粉型 (2株，从胜利籼中找出)，花药较小而瘦瘪，白色，全部不开裂，其内不含花粉，或仅有少量极细颗粒，为完全雄性不育，简称"籼无"；(2) 花粉败育型 (2株，从南特号中找出)，花药细小，黄白色，全部不开裂，花粉数量少，而且发育不完全，大多数形状不规则，皱缩，显著小于正常花粉，遇碘化钾溶液无蓝黑色反应，为完全雄性不育；(3) 花药退化型，花药高度退化，大小仅为正常的1/4—1/5，内无花粉或只有很少数碘败花粉，是从早粳4号、洞庭早籼中发现的。它们作为选育三系研究的起点，成熟时，袁隆平分别采收了自然授粉后结实的种子。他把这些从雄性不育植株上收获的种子视为珍宝，成熟早的当年秋播，其余的在第二年春播。

之后，袁隆平与妻子邓则对观察到的三类雄性不育植株，采用盆钵育苗。至1965年秋天，连续两年的盆栽试验显示，天然雄性不育株的人工杂交结实率可高达80%甚至90%以上，这说明它们的雌蕊是正常的。经杂交繁殖出来的后代，的确有一些杂交组合，表现得非常好，有优势。

经过这样的反复试验，以及分析论证，1965 年 10 月，袁隆平把初步研究结果整理撰写成论文《水稻雄性不孕性的发现》，并向中国科学院主办的《科学通报》杂志投稿。1966 年 2 月 28 日，袁隆平的这篇论文以《水稻的雄性不孕性》为题，发表于《科学通报》第 17 卷第 4 期。

在这篇论文中，袁隆平正式提出通过培育水稻三系（即雄性不育系、雄性不育保持系、雄性

袁隆平的论文手稿及《科学通报》1966 年第 17 卷第 4 期封面、目录和论文刊载页

不育恢复系，简称"不育系、保持系、恢复系"），以三系配套的方法来利用水稻杂种优势的设想与思路。这是人类历史上首次揭示无花粉型、花粉败育型和花药退化型三种类型的水稻雄性不育病态情况，也是人类历史上第一次揭示水稻雄性不育的病态之谜。

同时，袁隆平在论文中直击水稻没有杂种优势的理论禁区，提出："要想利用水稻杂种优势，首推利用雄性不孕性。"袁隆平针对自花授粉作物没有杂交优势的传统理论桎梏，提出了三系配套、培育杂交水稻的设想，开创了水稻研究史上独具

科学出版社给袁隆平的稿酬通知单

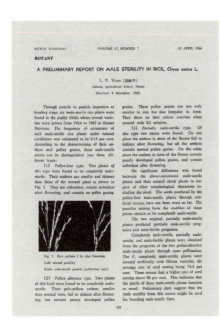

1966 年，袁隆平在《科学通报》英文版上发表的《水稻的雄性不孕性》正文

创新意义的新领域，极大丰富了作物遗传育种的理论和技术！

这一期是《科学通报》停刊前的最后一期。濒临停刊的权威学术刊物《科学通报》，对袁隆平的研究成果给予初步承认和肯定，这对袁隆平来说实属重大机遇，在当时也是十分了不起的。多年以后，袁隆平进行的这项开创性探索工作，以这篇划时代的、对雄性不育株在水稻杂种优势利用中所起关键作用作出重要论述，以及对杂交水稻研究成功后推广应用到生产中作出进一步设想的论文，成为对杂交水稻研发绘制的一幅实施蓝图。

50 多年以后，袁隆平曾当过班主任的安江农校农 303 班的学生们，回忆了《水稻的雄性不孕性》这篇论文发表前后的故事：袁隆平曾在 1965 年黔阳专区科委召开的科技工作会议上，将他发现的水稻雄性不孕现象及论文《论水稻雄性不孕》提出来，进行学术讨论。会上有两种观点：一种观点是"杂交有益、自交有害，水稻是自花授粉作物，不存在杂种优势"。另一种观点认为，达尔文的论点是对的，但水稻是例外，也有杂交优势。后来，袁隆平的论文《水稻的雄性不孕性》被翻译成英文，登载在《科学通报》英文版上，引起了周恩来总理的重

袁隆平专注科学研究

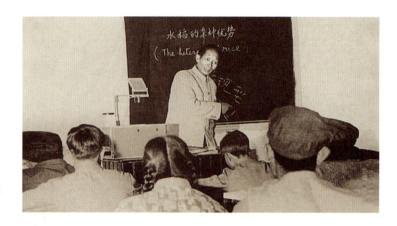

袁隆平在课堂上讲解
水稻的杂种优势

视。这为刚刚起步的杂交水稻研究端正了方向，揭开了杂交
水稻研究的序幕。

此后，"文化大革命"爆发初期，正当袁隆平差点儿被
揪斗、水稻雄性不育试验险些遭遇停滞时，国家科委因为袁
隆平发表的《水稻的雄性不孕性》这篇论文，立即作出极具
远见的决定，指示将水稻雄性不育列入湖南省科研项目。

六、执子之手　铸就大成

花季邓则

年轻的邓则（左三）
与同学们亦歌亦舞

袁隆平尽管在事业上充满艰难困苦，但也拥有颇多极富戏剧色彩的故事，他与邓则结婚就是其中一桩。当时，袁隆平已经桃李满天下，送走的学生一批又一批。学生们已为人父母，袁隆平仍是光棍儿一个，做学生的都为他的婚事操心，充当红娘。而他沉迷于科研，一次又一次放下了个人的婚事。1963年，已是34岁的大龄青年袁隆平的婚事，特别让安江农校的老师们挂心。邓则是袁隆平当过班主任班上的学生，比袁隆平小8岁，自1959年从安江农校毕业后，被分配到黔阳县农业局两路口农技推广站，从事农业技术推广工作。她与袁隆平，经安江农校老师曹延科、谢万安和王业甫撮合，情投意合。袁隆平与邓则的家庭出身都不好，谁都不挑谁。他们原本是师生，互相熟悉和了解。邓则对袁隆平的印象很好，认为袁隆平讲课讲得好，而且，爱打球、会拉小提琴、爱搞文体活动这一条，特别对自己的味儿。袁隆平也认为邓

青年邓则

1964 年，袁隆平和邓则的结婚照

则很活跃，爱唱歌、跳舞，也喜欢运动，会打篮球，还是黔阳县篮球运动代表队队员。1963 年冬天，袁隆平与邓则两人才接触一个多月，黔阳县到安江农校组织篮球比赛。安江农校几位热心的老师觉得这是天赐良机，鼓动袁隆平把婚事办了；并且，当场就去找裁判、体育老师李代举协商，想让打比赛与办喜事两不误。结果，在比赛中间休息的时候，袁隆平把邓则从赛场上拖下来，骑自行车带着她就去打结婚证。邓则说，比赛还没完；袁隆平说，打结婚证比打比赛更重要！就这样，由安江农校老师操持，在袁隆平的单

袁隆平、邓则伉俪

身宿舍里，举行了一个简单而又热闹的婚礼。简单的新房，只有一张单人床和一个书桌，没有一件摆设，甚至连"喜"字都没有贴一张，仅有曹延科买来的5块钱喜糖、女体育教师周琼珠送来的一双绣着一对红蝴蝶的平绒布鞋。袁隆平与邓则"闪电"结婚，在安江农校一直传为美谈。

更具戏剧性的是，"文化大革命"爆发前，袁隆平发表的《水稻的雄性不孕性》这篇论文，竟然赶上了《科学通报》的"末班车"。后来在"文化大革命"中，这篇论文对杂交水稻研究工作的进程，竟然在关键时刻起到了一发千钧、扭转乾坤的作用！当时，驻安江农校工作组要揪斗袁隆平，除了布置贴大字报揭发袁隆平之外，还打算新账老账一起算，于是就查袁隆平的档案，看看有没有老问题。一查档案，他们居然发现一份发自国家科委的函。函件的基本内容是，肯定袁隆平在科学试验基础上作出的预言：利用水稻的杂交优势，必将使水稻产量大幅度增长；同时，责成湖南省

湖南省科委给安江农业学校的公函

科委与安江农校支持袁隆平搞杂交水稻研究工作。而这份公函，正是因为《水稻的雄性不孕性》在《科学通报》上发表后，被国家科委九局的熊衍衡发现，将此文呈报给九局局长赵石英。赵石英认为，水稻雄性不育研究，在国内外是一块未开垦的处女地，若能取得成

功，必将对我国粮食生产产生重大影响。于是，赵石英立即请示国家科委党组，国务院副总理兼国家科委主任聂荣臻表示支持，国家科委党组集体讨论后予以批准。1966 年 5 月，赵石英及时地以国家科委名义，分别向湖南省科委与安江农校发函，责成它们支持袁隆平从事杂交水稻研究。就这样，在国家整体陷入政治动荡的岁月里，袁隆平获得了继续从事科研的权利与时间，使刚刚起步的杂交水稻研究得到保护，避免了被扼杀在摇篮中的后果。工作组看到国家科委的函件后，向黔阳地委请示：袁隆平到底是批斗对象还是保护对象？黔阳地委书记孙旭涛回答说："当然是保护对象！"于是，工作组来了个"急刹车"，不再提揪斗之事，转而请袁隆平做工作组示范田的技术参谋。

自 1956 年响应向现代科学进军的号召起，袁隆平在安

贤内助邓则

在袁隆平研究杂交水稻的艰难时期，袁隆平、邓则夫妇聚少离多。他们的三个儿子相继出生后，也分散居住。大儿子袁定安被送到重庆，跟爷爷袁兴烈、奶奶华静住在一起。

江农校既教学，又开展水稻雄性不育研究，不但得到学校关于划分试验田的保证，而且所带班级的学生也为他承担起科研辅助工作。

袁隆平内心深深明白，杂交水稻从开始研究那天就离不开邓则的支持。邓则不仅是生活上名副其实的贤内助，而且是袁隆平最坚定的支持者。1958 年，在"大跃进"和人民公社化运动的高潮中，毛泽东提出，我国农业要实现高速度发展，必须抓好土、肥、水、种、密、保、管、工等八个方面的工作，并概括为农业"八字宪法"。袁隆平在教研室与其他老师聊天时说，"八字宪法"中少了一个"时"字——不违农时的"时"。这事在"文化大革命"中，成为袁隆平的一大罪状——篡改毛主席提出的"八字宪法"，要把袁隆平作为"牛鬼蛇神"揪出来批斗！面对这种情状，邓则说："没关系，大不了，我们一起去当农民。"袁隆平深受感动。要知道，"文化大革命"

袁隆平、邓则夫妇的二儿子袁定江、三儿子袁定阳出生满一岁后，都交给外婆带。分离了一段时间后，小哥俩才聚在一起。这是邓则与袁定江（左）、袁定阳的合影。

袁隆平像候鸟一样追赶着太阳走，在湖南、云南、广西、广东之间南北辗转。这是袁隆平在广东湛江。

袁隆平的三个儿子都
渐渐长大，与母亲邓则聚
在一起

中夫妻离婚的多了去了。邓则对袁隆平忠贞
不贰，是患难中的真感情，更是袁隆平一生
中最大的安慰。

　　贤内助邓则的付出确实太多了。20世
纪70年代，袁隆平几乎把全部精力和时间
都集中在杂交水稻试验工作上，很少考虑
家庭问题。邓则对此很理解，也很体谅。
家里的担子，由她挑了起来。袁隆平连续
7个春节没有回家，都是在海南岛度过的。
有一年，袁隆平回家后第一天，还没住下就接到电话，要他

袁隆平、邓则全家终于
大团圆（1979年8月摄于
安江农业学校）

当天晚上赶去长沙；还有一年，他只回家一次，仅仅住了一天；二儿子袁定江出生才三天，袁隆平就南下了；最困难的时候是三儿子袁定阳出生后，邓则被下放到干校去了，结果，袁定阳在两三个月大的时候，就被带到干校。当时，袁隆平、邓则夫妇的三个小孩分散在三个地方：老大袁定安住在重庆爷爷、奶奶那里，老二袁定江在外婆家，老三袁定阳跟着妈妈。但是，邓则没有埋怨袁隆平。那个时候正是杂交水稻研究的关键期，袁隆平如果拴在小家庭上，事业就不会有成就。邓则知道，搞水稻研究，季节很重要，不能留袁隆平过小家生活。她也知道，袁隆平的事业更重要，所以宁愿

袁隆平和邓则夫唱妇
随做研究

默默受苦，也要暗暗支持袁隆平。袁隆平工作很忙，三分之一的时间待在海南或湖南的试验田里，三分之一的时间用于在外地讲学和参加会议，剩下的三分之一时间才在家。一家人长期这样处于分散状态，邓则独自承担起家庭的全部责任。

在那个艰难岁月，支持袁隆平搞杂交水稻科研的何止邓则？1974 年，袁兴烈因患胃癌住进重庆市第三人民医院。在他弥留之际，家人要发病危电报催袁隆平回来。当时，袁隆平远在海南三亚，正处在制种攻关的关键时刻，离开就意味着前功尽弃。深明大义的袁兴烈劝家里人不要发电报，因此，老人辞世前，最终没能见到阔别已久的袁隆平。

袁兴烈去世后，华静被邓则接到安江农校。那时，袁隆平已调到长沙工作。因为华静身体不好、年事已高，怕她不适应城市环境，袁隆平没有让母亲来长沙居住。1989 年中秋节，华静在安江病危。当时，袁隆平正在长沙主持一个杂交水稻现场会。待会议结束，袁隆平火速赶回安江，在回家路上，接到了母亲去世的噩耗。

1982 年 8 月，袁隆平的岳母患癌症住院，刚好袁隆平要出国访问，他觉得去留两难。岳母看出袁隆平心里的矛盾，要他放心出国。可是，等袁隆平从国外回来，善良的岳母已经去世。人生有时候，真是忠孝难两全……

这种聚少离多，一直伴随着袁隆平、邓则这对夫妻。直到华静去世后，邓则才带着三个孩子，来长沙与袁隆平团聚。一家人从 1964 年到 1990 年，26 年间基本是分居。

七、南繁北育　攻坚克难

袁隆平科研小组在试验田中

1968 年 5 月 18 日毁苗案发现场

袁隆平发表的《水稻的雄性不孕性》这篇论文，为他争取到继续搞杂交水稻科研的权利。1967 年 2 月，按照国家科委的指示，湖南省科委派员到安江农校了解情况，正式成立了安江农校水稻雄性不育科研小组。经湖南省农业厅批准，李必湖、尹华奇两名应届毕业生留校做袁隆平的助手，袁隆平是科研小组的负责人。

但是，杂交水稻的起步研究还是相当艰难的。时逢"文化大革命"刚开始，红卫兵、造反派曾经砸烂了袁隆平栽种试验材料的盆钵。更恶劣的是，1968 年 5 月 18 日深夜，突然发生了一起人为的毁苗事件。这一天是星期六，袁隆平到邓则所在的农技推广站去了。这天晚上，下了一场大雨。有人趁机蓄意破坏，在夜间把雄性不育秧苗全部拔光了。第二天，袁隆平赶回学校，直奔试验田，本想查看弱小的秧苗，却令他惊呆了，秧苗遭到灭顶之灾！这是科研组在安江农校中古盘试验地7号田插下的第一批花粉败育型和花药退化型不育株秧苗啊，其中还有70多个不同的测交品种！

经四处寻找，只在一口井里发现浮在水面的5株雄性不育试验秧苗。事发后，尽管多方调查，但由于"文化大革命"时期十分混乱，最终未能查得结果。

袁隆平赴海南岛南繁时与同事辗转广东湛江徐闻，在渡海前合影

"5·18"毁苗事件，几乎毁掉了袁隆平用4年心血铸就的希望，至今还是个未破的悬案。万幸的是，在安江农校师生们帮助下，袁隆平及时抢救出的5株秧苗成活下来，保住了研究材料。

袁隆平在海南南红农场

这起毁苗事件使袁隆平感到震惊。为了抵御人为破坏，袁隆平想到躲避纷争，到更远的地方开展杂交水稻研究。自1968年冬起，每年10月，当寒流席卷洞庭湖畔时，袁隆平就带上两个助手，在湖南、云南、广东、广西之间南北辗转，像候鸟一样追

袁隆平与助手在田间观察禾苗情况

赶着太阳走。我国南方的热带地区，为水稻育种以及加速育种进程提供了优越的自然条件。这样，一年可以当作两三年用。

这种运用统筹法以空间换时间，利用地处热带、亚热带的南方加速世代繁殖的工作，叫南繁，起到了加快杂交水稻研究步伐、缩短育种年限的作用。站在今天，回望过去，南繁已有60余年的历史。据统计，全国约80%的农作物新品种在南繁过程中孕育，推动了全国种业发展，使农作物育种周期缩短50%以上；南繁也成就了全国大规模的现代农业发展人才队伍。目前，南繁已经形成"硅谷"效应，成为国家重要的农业科研平台。

在云南元江，袁隆平他们经历了1970年元月发生的、被记载在中国地震史上的通海大地震，震级达到里氏7.8级。他们冒着生命危险抢救种子，为了把试验继续进行下去，就

1974年，全国南繁经验交流会议全体代表，在海南三亚合影

住操场、睡草席，足足坚持了3个多月。

后来，袁隆平带领团队，每年在湖南秋收过后、冬季来临、不能种植水稻时，把试验阵地转移到仍然能种植水稻的海南岛南部的三亚、陵水等地；而当海南岛试验结束、水稻收获后，又将种子带回内地，进行下一轮试验。

1970年，袁隆平已进行杂交水稻研究6年，带领助手先后用1000多个品种，做了3000多个杂交组合试验，却没有获得一个不育株率和不育度都达到100%的雄性不育系。为什么结果不令人满意？袁隆平打开思维的大门，在遗传学关于杂交亲本亲缘关系远近对杂交后代影响的有关理论中找寻。联想到国外通过南非高粱和北非高粱的远缘杂交获得成功的范例，他终于认识到，几千个试验所用杂交材料亲缘关系太近是问题的根本，这就是问题的症结所在：那些年试验的材料，都是国内各地的水稻栽培品种，亲缘太近，所以突破不了。

解决问题的关键，就是必须跳出栽培稻的小圈子，另辟

1969年，袁隆平在云南元江繁种

1969年，袁隆平（前排左一）在云南元江与农村干部们在田间合影

79

蹊径，拓宽种质资源。袁隆平借鉴日本学者在 20 世纪 50 年代后期用亲缘关系较远的品种杂交、产生雄性不育水稻和小麦的做法，以及自己在籼、粳稻杂交中经常观察到的"公禾"不育现象，认为"公禾"的启示表明，籼、粳杂交可以造成部分不育；再拉开点距离，可以试试搞野生稻！于是，他决定调整研究方案，提出了用"远缘的野生稻与栽培稻进行杂交"的新设想。要迈出新的一步，决定了袁隆平他们要去寻找野生稻，从亲缘关系较远的野生稻身上寻找突破口。这就是进行远缘杂交，以至于后来寻找"野败"作为重要研究材料的动因。从 1970 年开始，袁隆平他们在云南、海南征集野生稻。

这期间，湖南省革命委员会在常德召开湖南省第二次农业科学实验经验交流大会。为配合大会的召开，会前筹办了

袁隆平查阅植物杂种
优势相关资料

1970年6月，在常德
举行的湖南省第二次农业
科学实验经验交流大会上，
与会人员观看袁隆平科研
小组介绍水稻雄性不育试
验项目的展板

专题展览。在黔阳地区的展室里，介绍水稻雄性不育试验项
目的内容被安排在展板中头版头条的位置。旁边还有实物展
示，摆放着水稻雄性不育的禾苗。大会的头一天，湖南省革
委会主要负责人华国锋，仔细观看了杂交水稻研究展板，并
听取了汇报。第二天，会议正式开始时，华国锋又破例把袁
隆平请到主席台上，在他身边就座并发言。会上，还给袁隆
平科研小组颁发了奖状。

华国锋肯定了袁隆平科研小组前期艰难探索的阶段性成
果，指示有关地市和部门大力支持，加强农业科研，依靠科
技进步发展农业生产。大会最后决定，将杂交水稻研究列为
湖南全省协作项目。

1970年11月23日，是杂交水稻研发史上一个特别的
日子。在湖南育种队跟班学习育种技术的海南南红农场技术
员冯克珊，带李必湖去寻觅野生稻。他们来到南红农场与三

亚机场公路之间铁路涵洞的水坑沼泽地段，这里长着一片面积大约有 200 平方米的普通野生稻。当时，正值野生稻抽穗扬花的时候。他们看到，这里的野生稻的花药十分肥大，颜色鲜黄，张颖角度大，柱头长大，而且双边外露，生殖性状极易识别。紧接着，他们发现 3 个稻穗的花药有些异常。李必湖对识别水稻雄性不育株具有丰富的感性知识，冯克珊也学习和观察过一些。他们看到，这 3 个雄蕊异常的野生稻穗是由一粒种子生长起来的分蘖，花药细瘦呈箭形，色浅呈水渍状，不开裂散粉，很像试验中不育株的花药。随即，他们把野生稻穗连根拔起，搬回试验基地做镜检，结果，在显微镜下也呈现淡清白色。后经袁隆平镜检确认，与试验田里不育株的花粉染碘镜检情况一样，袁隆平当即把它命名为"野败"。

美国学者唐·帕尔伯格在他的著作《走向丰衣足食的

"野败"发现地

世界》中，谈到"野败"事件时说，从统计学上看，这明显是小概率事件，可是，这种奇迹居然发生了。他认为，发明创造有一个共同特点：当事人不仅亲眼见到了这些事物，而且从内心领悟并很快抓住了这些事物的本质。这就是科学研究工作的本质。机会成就了有心人。偶然的东西带给人们的可能，就是灵感和机遇。科学家的任务，就是透过偶然性的表观现象，找出隐藏在背后的必然性。

"野败"

　　袁隆平他们及时地用"广场矮""京引66"等栽培水稻品种对"野败"进行测交，发现它们对"野败"的不育性具有保持能力。后来的试验证明，用"野败"材料杂交，不仅能全部不育，而且能使雄性不育保持下去，成了突破三系配套的关键。这为杂交水稻研究带来了新的契机，

当年"野败"发现地，今日已种植了杂交水稻新品种和大棚果蔬

20 世纪 70 年代，
袁隆平与助手在温室
里讨论科研问题

并为最后取得研究成功打
开了突破口。

1971 年 1 月，湖南
省革委会召开全省第三
次农业科学实验经验交流
大会。会上，以袁隆平为
负责人的杂交水稻研究小
组宣布，"野败"的发现，
使通过培育三系、利用水
稻杂种优势增加粮食产量
的研究取得突破性进展。
1971 年 5 月，"野败"杂
交的第一代 200 多粒种子
正式问世。袁隆平认为，
中国有 2 万多个水稻品

种，要想从中筛选出理想的品系，有必要争取更多的人参与
到研究中。为了加快杂交水稻研究步伐，湖南省革委会决定
成立研究领导小组，由省委常委挂帅，加强领导，从思想政
治、人力、物力上给予有力的保证；并由湖南省农业科学院、
湖南省农业厅、安江农校、湖南师范大学生物系、湖南省农
业厅贺家山原种场等单位组成协作组，在更广泛的范围内开
展科学实验。协作组设在湖南省农科院，袁隆平在技术上负
责这项工作。这一决定，使许多人开始参与选育三系的科学
实验。在湖南农学院任教的罗孝和、湖南省农业厅贺家山原

种场技术员周坤炉、桂东县农科所的郭名奇等后来的大牌专家，正是在这一时期先后加入杂交水稻研究行列。之后，广东、广西、江西、湖北、新疆等8个省、自治区的30多位同志，到海南南红农场湖南基地跟班学习，逐步发展为大协作的态势。为了利用野生稻与栽培稻杂交获得的雄性不育系，尽快实现杂交水稻的三系配套，袁隆平毫无保留地把他的科研团队耗尽7年心血换来的200多粒"野败"杂交一代种子，以及"野败"的再生分蘖苗，亲手奉送给全国18家有关单位的同行们，开展协作攻关。

这是杂交水稻研究最关键的时期，研究工作处于攻坚阶段。湖南省安排了"夏长沙、秋南宁、冬海南"的加速育种计划，这就是所谓的"南繁北育、一年三代"。

艰苦的南繁岁月考验着袁隆平等协作组成员的意志。每

袁隆平与杂交水稻研究协作组成员一起攻关

85

到南下的日子，他们就卷着铺盖、带上行囊。当地气候炎热，席子不能少。口味不合要增强食欲，还得靠湖南的腊肉，而最重要的携带之物则是铁桶，用来装种子。袁隆平他们一路马不停蹄，奔向被称为"天之涯、海之角"的三亚热带天地。他们不是去享受阳光、沙滩的，比之内地农村，那里的条件还要差。他们没有像样的房子住，只能住窝棚、睡通铺，还得砍柴烧饭、担水洗菜，过着典型的农村生活。但

袁隆平等人当年在海南三亚南繁育种时居住过的地方（摄于1973年）

袁隆平等人带着诗意情怀，在这片南国的热土上，幻化杂交水稻这颗神奇的种子！

袁隆平等人当年在海南三亚南繁育种时居住过的地方（摄于1980年）

1972年3月，水稻雄性不育研究被列入全国农林重大科研会战项目。由于湖南省杂交水稻研究协作组的工作开展得有声有色，就由当时的中国农林科学院和湖南省农业科学院牵头，全国19个省、自治区、直辖市的农业科学院和部分大专院校组成全国性协作组。继湖南之后，最早利用"野败"原始株的江西、新疆、福建、安徽、广东、广西等省、自治区，根据各自掌握的栽培稻品种，纷纷与"野败"配组，尝试将"野败"原始株的雄性不育基因转育到栽培品种中。江西省萍乡市农业科学研究所等单位还派人到湖南跟班学习，他们用"野败"原始株与7个籼、粳稻品种杂交，表现出对"野败"都有不同的保持能力，证明在不育系选育中，"野败"是一个很有利用价值的宝贵材料。转育进程加速，形成了一场以"野败"为主要材料培育三系的全国协作攻关大会战。几十个单位互通有无，做了几千个组合的测交和几个世代的回交选育后，全国相关各省、自治区人员又一次会聚海南岛进行育种试验。这期间，已任国务院业务组副组长的华国锋指示，把杂交水稻研究列为国家重点科研项目，组织全国力量协作攻关。

全国几十个科研单位，使用上千个栽培水稻品种，与

袁隆平与助手尹华奇
（右）在实验室做花粉镜检

"野败"进行了上万个组合的回交选育工作。1972年冬，第一批不育系和保持系诞生。比如，湖南的袁隆平、周坤炉等人育出了"二九南1号A"不育系及其保持系、"V20"不育系及其保持系，江西的颜龙安等人育出了"珍汕97"不育系及其保持系，福建的

1977年，袁隆平与助手李必湖（左）在田间观察杂交水稻生长情况

袁隆平与湖南省杂交
水稻研究协作组成员在一起

杨聚宝育出了"威41"不育系及其保持系，等等。还有，
福建的"京引66""京引177"、新疆的"查系83""杜字
129"、广西的"广选3号"等品种，也都获得了农艺性状一
致、不育株率和不育度都达到100%的群体。

袁隆平与周坤炉（左）在田间观察杂交稻结实情况

至此，我国第一批"野败"细胞质骨干不育系和相应的保持系宣告育成，野生稻资源也得到开发利用。利用野生稻与栽培稻杂交选育三系，被我国的实践证明，是一条行之有效的重要途径。

选育恢复系，同样遵循从亲缘关系或由地理条件形成的差异来选配的原则，选用长江流域、华南、东南亚、非洲、美洲、欧洲等地的1000多个栽培水稻品种进行测交筛选，共找到100多个具有恢复能力的品种。特别是在东南亚的品种中，找到了一批以"IR24"为代表的，优势强、花药发达、花粉量大、恢复度在90%以上的恢复系。全国杂交水稻研究协作组终于在1973年，从东南亚的一些品种中测得了具有较强恢复力和较强优势的恢复系。

当年曾努力奋战在大协作中的罗孝和、黎垣庆、张健等老专家回忆这段经历，仍感到历历在目，十分感慨。1971年，江西省萍乡市农科所初步选出"野败"籼型不育系及其保持系后，该所用国内的品种与不育系做了几千对测交组合，都没有发现一个品种具有恢复能力。因此，下一阶段的工作仍

然是为不育系找恢复系。当时，袁隆平的几位助手张健、黎
垣庆、罗孝和分工协作。张健协助做不育系选育工作，黎垣
庆专责通过测交筛选恢复系及优势组合，罗孝和专责研究 C
系统（1964 年，袁隆平在湖南安江农校胜利籼大田中，找
到无花粉型植株，后用中籼品种南广占杂交，获得南广占无
花粉型不育株。这个材料的田间编号为 C，故称"C 系统"）
进行人工制保。袁隆平提出了在低纬度品种中寻找恢复系的
主张，并安排黎垣庆做恢复基因地理分布的研究。1972 年
下半年，黎垣庆被派到全国各地征集不同类型的品种筛选恢
复系。他出差前，袁隆平当面叮嘱："要注意征集国际水稻
研究所的品种。"遵照袁隆平的嘱咐，黎垣庆从广东省农科
院征集到 IR24 等几个来自 IRRI 的品种，于 1973 年年初在
海南三亚荔枝沟老火车站附近的南繁基地（东安 4 队）播种。

袁隆平在湖南省杂交水
稻研究协作组会议上发言

1974 年，袁隆平在安江农业学校试种南优 2 号

在 3—4 月抽穗期间，袁隆平等人用 IR24 分别与二九南 1 号 A 进行测交。IR24 等几个来自国际水稻研究所的品种生育期较长，测交较迟。直到袁隆平他们回长沙时，这批测交种尚未成熟。后来，由留守的学员将这批晚熟测交种采收后带回长沙，并由张健的学员文质连种在试验田里。对这批测交

组合，到七八月抽穗期间，袁隆平进行了鉴定，发现 IR24 有很强的恢复力，测交的组合表现出明显的杂种优势。其中，由二九南 1 号 A 与 IR24 配组的组合（后定名为"南优 2 号"，下同）如同鹤立鸡群一般。袁隆平非常高兴，还叫罗孝和来观看它的优势表现。时隔近 50 年后，袁隆平的这几位老助手聚首回忆起这段往事时，曾以为这批用 IR24 与二九南 1 号 A 做的测交种失踪了。其实，只是因为田间编号没有还原成品种名称，而"落户"张健的试验田。他们百感交集、万分欣慰，认为"野败"籼型不育系于此事实上完成了三系配套，强优势组合南优 2 号展露先机！后经在长沙试验，亩产 675.8 公斤，比国际水稻所的高产亲本 IR24 增产 16.43%，取得了历史性突破；在安江农校试种，中稻平均亩产达到 628 公斤，连片双季晚稻亩产首次突破千斤大关。

1973 年，广西农学院、广西农科院、广东协作组在晚季试验中，通过测交也鉴定出 IR24 具有很强的恢复力，验证了湖南协作组的鉴定结果。南优 2 号展现出的强大杂种优势，表明袁隆平在世界上首次于大田试验中成功利用水稻杂种优势，也使得认为"水稻是自花授粉作物，没有种优势利用可言"的人们，真实地感受到杂交水稻令人鼓舞的影响力。

1973 年 10 月，在江苏省苏州市召开第二次全国杂交水稻科研协作会议。袁隆平代表湖南省水稻雄性不育系研究协作组，作题为《利用"野败"育成水稻三系的情况汇报》的发言，正式宣布中国籼型杂交水稻三系已配套成功。这次会议说明，社会主义大协作具有很强的优势。我国仅用 3 年时间，就成功实现了杂交水稻的三系配套，标志着我国水稻杂种优势利用研究取得了重大突破。10 年磨一剑。以袁隆平为首的研究人员用了将近 10 年时间，把杂交水稻变成了现实。

过了三系配套关，根据选择亲缘关系较远、优良农艺性状互补、亲本之一是高产品种的恢复系与不育系杂交，可以选育出营养生长和生殖生长优势都强的优良组合的原则，全国陆续选配出"南优""矮优""威优""汕优"等一系列强优势籼型杂交水稻组合，攻克了组合选育优势关，为杂交水稻迅速走向生产做好了技术储备。一批杂交组合经区域性试验，一般可增产 20%。杂交稻具有一般水稻品种没有的优良特性，如分蘖力强、根系发达、生理机能旺盛、茎秆粗壮、穗大粒多、适应性强等。

1975 年，我国杂交水稻研究突破三系配套关、组合选育优势关、制种关，取得成功

过去的研究认为，水稻异交率仅为2.4%，杂种一代的种子产量极低，离生产要求相距甚远。国际水稻所曾放弃杂交水稻研究的原因就是，当时在该研究所没人相信能够解决制种难题。而袁隆平领导的课题组找到了问题的关键，即父本、母本的花期花时要相遇！这样，有针对性地形成一套完整的制种技术体系。按照这一体系，成功解决了制种这一难题，制种产量逐渐提高，亩产高的已达300斤以上，突破了制种关。

继第一次全国杂交水稻科研协作会议在长沙召开以后，又先后在苏州、南宁、长沙等地召开了第二、三、四次全国性协作会议。全国大协作攻克了三系配套关、组合选育优势关和制种关这三大难关，迎来了杂交水稻大面积生产应用时机的成熟。

当时，国际上这样评论中国的杂交水稻：中国的杂交水

袁隆平在海南讲授杂交水稻制种技术

袁隆平育成第一个强优势杂交水稻品种南优 2 号，成为世界上成功利用水稻杂种优势第一人

稻是在脱离了西方这个所谓农业科学源头的情况下，自己创造出来的一项成果。中国成为世界上第一个在生产成果上利用水稻杂种优势的国家。

37 年后，前国际水稻研究所所长斯瓦米纳森博士在袁隆平 80 寿辰时致信祝贺，由衷地赞叹："你取得了杂交水稻的奇迹，使不可能成为可能。"

为了争取在 1976 年于全国大面积推广，1975 年年末，由湖南省农科院分管科研工作的副院长陈洪新带队，袁隆平等人一行北上北京，准备向国务院常务副总理华国锋汇报杂交水稻在湖南的发展情况以及向全国推广的建议。陈洪新与华国锋当年都是南下干部，二人早就相识。会面约在 1975 年 12 月 22 日，华国锋专门安排中共中央政治局委员、国务院副总理陈永贵，以及农林部部长沙风、常务副部长杨立功陪同听取汇报。在中南海小会议室，华国锋认真听取了两个多小时的汇报，不时提出问题并做记录。然后，他对杂交水稻研究给予高度评价，并认为向全国推广杂交稻碰到了困难，农时不等人，要即刻解决。华国锋有针对性地强调指出："对杂交水稻一定要有一个积极的态度，同时，又要扎扎实实地推进，要领导重视、培训骨干、全面布局、抓好重点、搞好样板、总结经验、以点带面、迅速推广。"他当场拍板：第一，中央拿出 150 万元和 800 万斤粮食指标，支持杂交水稻推广。其中，120 万元给湖南作为调出种子的补偿，解决杂交水稻种子推广过程中的资金不足问题；30 万元给广

前国际水稻研究所所长斯瓦米纳森博士在袁隆平 80 寿辰时发来的贺信

东购买15部"解放"牌汽车，装备一个车队，解决运输困难问题，及时将南繁的种子运回内地推广。这些措施在日后被证实，确实是雪中送炭，满足了在国内扩大推广杂交水稻种植面积的需求。第二，由农林部主持，立即在广州召开南方13个省、自治区、直辖市杂交水稻生产会议，部署加速推广杂交水稻。随后于1976年1月，全国首届杂交水稻生产会议在广州召开，有南方13个省、自治区、直辖市的农业厅厅长、农科院院长和少数杂交水稻科研骨干参加。会议商定和落实了全国大推广的第一年繁殖、制种、示范栽培生产计划，促成了1.5万科研大军赴海南岛、广西，"千军万马"借田繁殖制种的壮观场面。1976年，累计制种面积达3.3万亩，收获杂交水稻种子400多万斤。

为了让杂交水稻这一超时代的科技成果，迅速转化成

20世纪70年代，召开南方杂交水稻生产现场会议

　　1975 年冬，全国各地组织队伍下海南大规模（3 万亩）制种，为 1976 年在全国推广杂交水稻做准备。图为制种的种子正装车运往内地。

袁隆平向陈洪新（右二）赠匾

袁隆平与陈洪新（左）在一起下象棋

生产力，时任农林部部长沙风与副部长刘锡庚、时任湖南省农业厅厅长兼湖南省农科院党委书记陈洪新，身体力行，上下呼吁和宣传，为杂交水稻推广种植作出了不可磨灭的贡献。

从此，杂交水稻以世界良种推广史上前所未有的发展态势，在中国大地上迅速推开。1975年，南方各省区市的

1976年，袁隆平到江苏省武进县杂交水稻育种场做指导

1977年，经袁隆平指导和帮助，江苏省武进县建成了万亩杂交水稻丰产田

20 世纪 70 年代，袁隆平
在湖南省桂东县大水公社指
导杂交水稻技术

20 世纪 70 年代，袁隆平在田间指导农民种
植杂交水稻

袁隆平在田间给农民讲课

101

种植面积是 5550 多亩；1976 年则一下子跃升到 208 万亩，仅湖南的杂交水稻种植面积就达 126 万多亩，平均亩产量 306.5 公斤；继而，于 1977 年迅猛扩大到 3150 万亩；到 1991 年，已达到 2.64 亿亩。我国杂交水稻的种植面积占到全国水稻种植面积的 50% 以上，而收获的产量更是创造了中国，不，是创造了世界的奇迹！据统计，杂交稻自 1976 年推广以来，种植面积累计达到 90 亿亩，累计增产稻谷 8000 多亿公斤。

1980 年，袁隆平（左二）与杂交水稻研究小组成员在一起

袁隆平在田间指导农民种植杂交水稻

推广面积最大的籼型三系杂交水稻组合"汕优63"

杂交水稻研究取得成功，袁隆平感到无比欣慰

农民种植杂交水稻喜获丰收

八、挑战拼搏　无止追求

1. 湖南杂交水稻研究中心成立

　　杂交水稻三系配套成功后，如何加强组织领导、推动杂交水稻发展，成为一个新的问题。1983 年年初，湖南省科委提出成立湖南杂交水稻研究中心的建议。时任湖南省科委计划处处长蓝临认为，杂交水稻科研项目是一条增产粮食、造福老百姓、确保国家粮食安全的科学途径，应该为杂交水稻研究搭建更理想的工作平台予以支持。她带队赴北京，向国

1983 年，湖南省科委提出成立湖南杂交水稻研究中心的建议，右三为湖南省科委计划处处长蓝临

1984 年 6 月 15 日，
湖南杂交水稻研究中心成
立大会召开

家计委呈递了申请拨款报告。国家计委也非常重视，批准给
予 500 万元支持。这说明，党和政府对杂交水稻事业高度重
视，寄予了殷切厚望。此后不到一年，在长沙市东郊马坡岭
数十公顷土地上，实验楼、办公楼、宿舍等接连拔地而起。
湖南杂交水稻研究中心建成，袁隆平出任主任。1984 年 6
月 15 日，举行湖南杂交水稻研究中心成立大会，湖南省省

湖南杂交水稻研究中
心海南南繁基地

湖南杂交水稻研究中心位于海南三亚警备区师部农场的南繁基地

湖南杂交水稻研究中心位于海南三亚海棠湾的南繁新基地

长刘正主持了这次大会。

　　海南三亚在杂交水稻研发历程中，起着以空间换时间、缩短育种周期的不可替代的作用，因而成为重要的加速世代繁育的南繁最佳地。几经变迁和发展，从三亚的南红农场到荔枝沟火车站工段，又到三亚警备区师部农场租地，再到海棠湾规划建设，湖南杂交水稻研究中心海南南繁基地基本稳定下来。50 多年来，袁隆平的团队就像候鸟一样在三亚和长沙之间穿梭，从未间断过。

2. 杂交水稻育种的战略设想

　　在 20 世纪七八十年代，我国杂交水稻的研究和利用虽然成绩巨大，但从育种上分析，杂交水稻研发尚处于发展的初级阶段。

袁隆平观察杂交水稻禾苗长势

袁隆平深入思考如何提高水稻杂种优势水平问题

袁隆平查找资料，伏案工作

1986 年，袁隆平提出杂交水稻育种的战略设想

面对 80 年代初期世界性的食物短缺，袁隆平心甘情愿吃苦，横下心来一门心思研究杂交水稻，把水稻产量搞上去，让人们都能吃饱饭，也让国家富强起来。同时，他认为，搞科研像跳高一样，跳过一个高度，又有新的高度在等着你，要是不继续跳，早晚会落在别人后面。为此，他决计不断攀登杂交水稻研究的新高峰。

袁隆平在《杂交水稻》杂志 1987 年第 1 期，发表题为《杂交水稻的育种战略设想》的论文

根据国内外对水稻杂种优势利用研究的新进展、新动向和发展趋势，以及 20 世纪 80 年代以来水稻光温敏核雄性不育基因与广亲和基因等新材料的发现，再加上现代生物技术的不断进步，袁隆平认为，产量或优势利用等方面要取得新突破，育种上必须采用新材料和新方法，冲出三系法品种间杂交的框框。1986 年，袁隆平提出了杂交水稻育种的战略设想。从育种方法上说，由三系法向两系法发展，再经两系法过渡到一系法，也就是在程序上朝着由繁到简，但效率越来越高的方向发展。从提高杂种优势水平上说，由品种间杂种优势利用到亚种间杂种优势利用，再到水稻与其他物种之间远缘杂种优势利用，也就是朝着杂种优势越来越强的方向发展，即由三系法杂交水稻到两系法杂交水稻，再向一系法杂交水稻发展。

3. 两系法杂交水稻研究

时光回溯，1973年10月上旬，湖北省沔阳县农业技术员石明松试图在栽种的晚粳稻大田群体中寻找雄性不育株。他在栽植一季晚粳品种"农垦58"的大田中，发现了3株典型的雄性不育突变株：在夏天的时候是雄性不育的，它的花粉是败育的；到了秋天却是正常的，育性恢复，是一种光敏不育型水稻。他根据6年的系统试验研究，得出从"农垦58"中选育的这种晚粳自然不育株，具有长光照下不育和短光照下可育的育性转换特性的结论。石明松在《晚粳自然两用系选育及应用初报》这篇论文（发表于《湖北农业科学》1981年第7期）中指出，这种育性可转换水稻在不育期用作母本进行杂交制种，而在可育期中又可通过自交繁殖不育系种子，因为一系两用，故被命名为两用系，即"农垦58S"。

这种新的水稻不育资源为采取两系法利用水稻杂种优

石明松在《湖北农业科学》1981年第7期，发表题为《晚粳自然两用系选育及应用初报》的论文

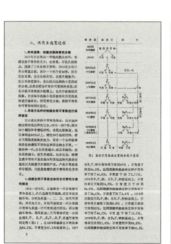

势提供了可能，给杂交水稻开辟了新的育种与利用途径。因此，这项研究先后被国家自然科学基金委员会列为重点项目和重大项目予以支持，国家科技攻关计划和"863"高技术研究发展计划也相继资助了这一重大研究项目。1987年，两系法研究被列为国家"863"计划项目，由袁隆平担任专题组组长、责任专家，主持全国16个单位协作攻关。所谓两系法，就是建立在这样一种特殊的雄性不育水稻基础上的育种技术：与三系法相比，其优越性是在夏季长日照下可用于制种，而在春、秋季可进行自身繁殖，即一系两用，省掉了保持系。做个通俗的比方，就是杂交水稻育种成为"一夫一妻制"。

袁隆平在人工气候室观察和研究

　　但是，两系法杂交稻研究不是一帆风顺的。20世纪80年代中期以前，不少研究单位对石明松发现的育性可转换水稻进行了研究，初步认为，该不育系的育性受日照长短控制，而与温度无关，即在长日照下表现为不育，在短日照下则转为可育，并将其命名为"光敏核不育水稻"。由于一年四季日照长短的变化十分有规律，人们只要按照这个规律在夏季长日照下制种，在春、秋季短日照下繁殖不育系种子，两系杂交稻的种子生产就不存在风险。然而，1989年盛夏，长江流域气候异常，出现了持续4—5天的低温，用来制种的光敏不育系水稻在长日照下恢复可育，导致制种失败。这使两系法研究遭受严重挫折，许多人为两系法研究的前途担忧。不少研究者丧失了信心，两系法杂交稻研究遇到了严峻考验。

在此关键时刻，袁隆平和全国协作组的重要成员没有动摇，他们组织对这种育性变化现象做进一步的深入研究。袁隆平经过冷静分析，作出了选育实用的水稻光温敏不育系，首先要考虑育性对温度的反应的判断，关键要揭示水稻光温敏不育性转换与光照、温度关系的基本规律。他观察并考核了已经选育出的核不育系，更加认定选育实用的两用不育系，首先要考虑的是育性对温度高低的反应，而不仅是光照的长短；而且，最关键的指标是导致雄性不育的起点温度要低。袁隆平仔细查阅了长江流域有记录以来的所有气象资料，确定两系法杂交水稻的主攻方向是：培育导致雄性不育的起点温度不超过23.5摄氏度的新型光温敏不育系的技术策略。这样的决策使专家们增强了信心，扫除了思想疑虑。在这一设计思想指导下，湖南杂交水稻研究中心研

1986年，袁隆平与"863"计划两系法杂交水稻技术研究与应用专题的专家李成荃（中）、卢兴桂一起讨论

究员罗孝和首先培育出符合要求的低温敏不育系——"培矮64S"，随后配制出"两优培特"组合，成为全国第一个通过省级鉴定的两用不育系和两系先锋组合。按照这一技术策略，一批实用的光温敏不育系和两系杂交组合陆续育成，使两系法杂交稻由试验研究转为生产应用成为可能。

全国协作组的专家们由衷地赞叹袁隆平宝刀不老："袁先生总是在杂交水稻研究处于迷茫或转折时，提出正确的思路，令大家茅塞顿开，也使前进的道路豁然开朗。"经过3年努力，全国协作组终于揭示了水稻光温敏不育系育性转换与光照、温度关系的基本规律。被袁隆平誉为"两系法杂交水稻研究主将"的罗孝和，还在实践中发明了冷水串灌降温的办法，从而攻克了在高温下自繁的技术难关，使光温敏不育系亲本自交繁殖的亩产达到200多公斤，实现了"高温制种，冷串自繁"的双重效用。这一重大突破，为两系法杂交

两系法杂交水稻攻关主将、袁隆平的助手罗孝和

袁隆平在田间观察两系法杂交水稻

稻研究画上了一个较为圆满的句号。为此，"培矮64S"荣获国家科技进步奖一等奖。

随着两系法杂交稻研究的进一步推进，一个新的问题显现出来：光温敏不育系在繁殖过程中产生高温敏个体的比例逐年增加。为了防止光温敏不育系不育起点温度漂移，袁隆平又及时提出了水稻光温敏不育系的提纯方法和原种生产程序：单株选择→低温或长日低温处理→再生留种（核心种子）→原原种→原种→制种。这种提纯方法和原种生产程序，不仅解决了不育系因为不育起点温度逐代升高而失去实用价值的问

袁隆平与助手们在田间观察两系法杂交水稻不育材料

题，而且简便易行，一株再生稻可生产出供 100 亩制种田使用的原种。在生产上推广应用后，迅速成为水稻光温敏不育系提纯和繁殖的新体系，效果很好。

1988 年，袁隆平在"863"计划年会上，汇报科研项目进展情况

此后，但凡两系法杂交稻研究遇到问题，都对袁隆平的"领头雁"作用不断提出新的挑战和考验。每一次，袁隆平总是带领全国协作组奋力攻关，使问题迎刃而解。

一是提出了杂交稻育种"三步走"的战略设想，尤其在第二个战略发展阶段，实行把光温敏核不育基因与广亲和基因结合起来，通过利用亚种间杂种优势，进一步提高杂交稻单产、简化杂交种子生产程序、降低生产成本，因而受到国际科技界的普遍称道。

二是为两系法育种摸索出一整套可操作的实施方案，指导了关键技术的突破，使这一科研成果迅速转化为现实的生产力。其中包括：（1）揭示出水稻光温敏不育系育性转换与光照、温度关系的基本规律；（2）总结出一整套选育实用光温敏不育系的技术方案和体系；（3）设计出一套能使临界温度始终保持相对稳定的、独特的光温敏不育系提纯方法和原种生产程序；（4）提出亚种间强优组合选配等技术策略和技术措施等。

时间轴线在 1995 年这个节点上显示的是：全国协作组

的专家们经过9年努力，获得两系法杂交稻研究的成功。
1995年8月，刚刚当选中国工程院院士的袁隆平，在湖南
怀化召开的"863"计划两系法杂交水稻现场会上宣布：我
国"863"高技术研究发展计划项目——两系法杂交稻研究，
经过9年的努力探索，先后攻克了实用光温敏不育系选育、
不育系不育起点温度遗传漂移控制、低起点温度的光温敏
不育繁殖和原种提纯与生产、两系亚种间强优组合选育等
四大难关。所以，两系法杂交稻研究已基本成功，可投入
生产应用。

　　如果说三系法是经典的方法，两系法则是中国的独创。
它的优越性，一是简单，不要保持系了，育种程序简化了；
二是选到优良组合的概率大大提高了。因此，两系法具有广
阔的应用前景。

　　两系法杂交稻的成功是作物育种上的重大突破，继续使

2003年，袁隆平出席
国家"863"计划两系法杂
交水稻技术研究协作组在海
南举行的年会

我国的杂交水稻研究保持世界领先地位，为保障我国和世界粮食安全提供了新方法、新途径；而且，开创了作物杂种优势利用的新领域，带动和促进了我国油菜、高粱、棉花、玉米、小麦等作物两系法杂种优势利用的研究与应用，特别是为难以实现三系法杂种优势利用的作物提供了新途径。当时，全国的杂交水稻种植面积大概是 2.4 亿—2.5 亿亩，两系法杂交水稻大概有 5000 万—6000 万亩，一般比同熟期的三系法杂交稻增产 5%—10%，并且米质一般都较好。两系法杂交水稻是我国继三系法杂交水稻后，又一世界领先的原创性重大科技成果，在 2014 年获得国家科学技术进步奖特等奖。这是一项汇聚中国育种家集体智慧的研究成果，获奖证书上记录了 50 名中国育种家的名字。

袁隆平所获国家科学
技术进步奖特等奖证书

袁隆平对杂交水稻研
发前途始终充满乐观

袁隆平与学生们在田间一起探讨科研问题

袁隆平与助手们在田间探讨科研问题

评审组专家作出这样的评价：袁隆平具有百折不挠的精神，从三系到两系，从品种间到亚种间杂种优势利用，每个关键时期、每项困难面前，他都毫不动摇。他设法将三系配套，使三系制种取得成功；两用核不育系"打摆子"时，他用不育起点温度来解决；不育起点温度漂移了，他又用核心种子生产等程序来预防。反正难不倒他。

袁隆平始终不会满足，他的创新工作一直在延伸。他在将选育高产亚种间杂交稻确定为新的主攻方向时强调，要应用育种技术，克服各种障碍，将水稻亚种间强大的生物杂种优势协调地转化为经济产量优势，把解决杂种结实率低且不稳和籽粒充实度不良的问题作为主攻对象；并提出选育高产亚种间杂交稻组合的 8 项原则：矮中求高、远中求近、显超兼顾、穗求中大、高粒叶比、以饱攻饱、爪中求质、生态适应。这 8 项原则成为全国专家开展深入研究的指导方针。

4. 一系法杂交水稻探索

在成绩与荣誉面前，袁隆平表现出惊人的冷静。例如，正当人们热烈祝贺杂交稻培育取得成功的时候，他首先站出来作了一分为二的分析，指出三系法杂交稻还有缺点。他将其概括为"三个有余，三个不足"，即前劲有余、后劲不足，分蘖有余、成穗不足，穗大有余、结实不足。他还明确指出，要从育种与栽培两个方面组织攻关，予以解决；在巩固提高三系法杂交稻的同时，加强发展两系法杂交稻的选育，并探索今后可能实现的一系法杂交稻研究。袁隆平深深懂得，个人的智慧、精力和生命是有限的。尽管他决心把有生之年的全部精力继续奉献给杂交水稻事业，但作为社会主义事业组成部分的杂交稻研究的进一步发展，还有赖于全国各有关学科、部门的通力协作，以及众多后起之秀的集体奋战。

1996 年，袁隆平访问美国国家水稻研究中心，与该中心主任日瓦特哥（中）在温室前合影

对于一系法杂交水稻的研究，袁隆平认为，培育无融合生殖系来固定 F1 杂种优势，为最有前途的途径，具有十分重要的意义。他曾与助手黎垣庆去美国国家水稻研究中心，开展探索性工作。无融合生殖是指以种子形式进行繁殖的无性生殖方式（无性种子繁殖），它可使世代更迭，但不改变核型，后代的遗传结构与母体相同，因此，通过这种生殖方式，可以将 F1 杂种优势固定下来。育种工作者只要获得一个优良的 F1 杂种单株，就能凭借种子繁殖，迅速在大面积生产上推广。如何在栽培稻及野生稻中发掘，或者通过远缘杂交或诱变等途径，创造新的无融合生殖材料，以及把无融合基因从异属的野生植物中克隆出来，然后导入水稻？这给今天的现代分子生物学技术提出了新课题。

袁隆平的"禾下乘凉梦"

两系法杂交稻取得成
功后，袁隆平进一步思考
杂交水稻超高产研究

5. 超级杂交稻研究

　　袁隆平曾做过一个梦：杂交稻长得像高粱一样高，稻穗
像扫帚一样长，谷粒像花生米一样大。他及同事们便在杂交
水稻下面乘凉、散步。正所谓日思夜想，达到了梦寐以求
的境界。他始终心怀一个"高产梦"，并称"追求高产更高
产是永恒的主题"。这不仅是一种科学的探求精神，而且，
袁隆平认为，提高水稻产量，对于保证一个国家的粮食安全
意义重大。

　　水稻超高产育种，是近30多年来不少国家和研究单位
的重点项目。日本率先于1981年开展水稻超高产育种，计
划在15年内把水稻的产量提高50%，即亩产从420—540
公斤提高到630—810公斤。国际水稻所在1989年启动了超

级稻育种计划，后改称"新株型"育种计划，要求到 2000
年，育成产量潜力比当时产量最高的品种高 20%—25% 的
超级稻，即亩产从 670 公斤提高到 800—830 公斤。1988 年，
袁隆平去日本考察时看到，日方研究人员在超高产育种方
面，主要朝着大穗大粒的方向、采取籼粳交育种的途径进
行研究，在品比试验中达到了糙米每公顷 9 吨的水平。1996
年，袁隆平再去日本时发现，日方研究人员仍在努力实现这
一计划过程中，曾于 20 世纪 90 年代初，在约 300 平方米的
面积上，使一个品种达到接近每公顷 12 吨的水平。国际水
稻所从 1989 年开始实施"新株型"育种计划，曾经在 1999
年宣布实现，但也是在小面积上。我国农业部于 1996 年批
准中国超级稻育种计划立项，其中，杂交稻的产量指标是，
在同一生态区两个百亩以上的示范片，连续两年的平均亩产
达到：

第一期（1996—2000 年），700 公斤 / 亩；

第二期（2001—2005 年），800 公斤 / 亩；

第三期（2006—2015 年），900 公斤 / 亩；

第四期（2016—2020 年），1000 公斤 / 亩。

"成功易使人陶醉，莫把百尺当尽头。"袁隆平将这个
座右铭当作他挑战超级杂交稻的勇气之源。杂交水稻领域的
专家均认为，袁隆平作为深谋远虑的战略家，充分表现在他
对杂交水稻研发事业未来发展方方面面的掌控上。比如，对
于杂交水稻育种，袁隆平于 1985 年就将目光聚焦在水稻的
超高产选育主题上。对于这个高难度课题，他跟踪国际上的

袁隆平提出超级杂交
稻研究策略和技术路线

袁隆平在田间察看超
级杂交稻示范情况

发展动态，提出了选育超高产杂交水稻的目标。30 多年来，
他一直不畏艰难，孜孜追求。

　　1997 年，一个具有超高产潜力的两系亚种间组合——
"培矮 64S/E32" 被选育出来。袁隆平观察到，这个产量潜

125

袁隆平在田间察看超级杂交稻示范情况

力很大、两系法亚种间杂交组合优良的株叶形态，呈现出特别之处：剑叶挺直，禾下藏金。他经过认真分析，意识到超级杂交稻必须以增"源"为核心，立时顿悟了超级杂交稻的株型模式，即讲求在扩"库"的同时，更要强调有效增"源"，就是扩大有效的光合作用面积，增加对光能的吸收和利用，避免"库"大而"源"不足。他领悟到，超高产杂交水稻在形态上，正是需要上部三片功能叶要长、直、窄、凹、厚。在这一灵感的重要启示下，袁隆平将增"源"提到了与扩"库"并重的高度，而不只是重"库"，片面追求一定的穗数、每穗粒数和千粒重，这样就难以实现超高产。不但要有大"库"，还要提高最大的有效叶面积指数和光合功能，以开足"源"。"库"大、"源"足才是超高产的前提。

袁隆平提出，我国的超级杂交稻育种方案，应采取旨在提高光合效率的形态改良与亚种间杂种优势利用相结合、辅之以分子手段的综合技术路线，并从实践中总结出我国超级杂交稻研究的选育理论和方法，包括：(1) 在形态改良方面，培育高冠层、矮穗层、中大穗、高度抗倒的超高产株型

袁隆平在田间观察超
级杂交稻组合结实情况

模式，上部三片功能叶要求长、直、窄、凹、厚。修长而直
挺的叶片，不仅叶面积较大，而且可两面受光，并互不遮
蔽；窄而略凹的叶片，所占空间面积小，能有较高的叶面积

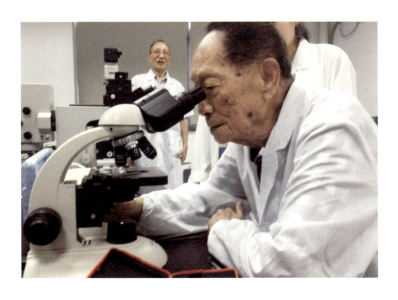

袁隆平通过显微镜观
察杂交水稻剑叶叶脉组织

127

袁隆平作学术报告，介绍超级杂交稻选育技术路线

1999年，《科学》杂志发表文章并刊登照片，介绍中国的超级杂交水稻

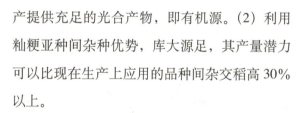

指数；同时，凹形能使叶片更加坚挺和经久不披；较厚的叶片光合效率高，并且不易早衰。高冠层，即直立叶片冠层高1.2米以上；矮穗层，即成熟的时候，穗尖离地60—70厘米，以降低重心、高度抗倒。只有具有这种形态特征的水稻品种，才能有最大的有效叶面积指数和光合功能，为超高产提供充足的光合产物，即有机源。（2）利用籼粳亚种间杂种优势，库大源足，其产量潜力可以比现在生产上应用的品种间杂交稻高30%以上。

这个以高冠层、矮穗层、中大穗和高收获指数为特点的株型模式与优良株叶形态，以及超级杂交稻的研究思路，在国际上引起很大反响和关注。《科学》杂志曾以《作物学家正在寻求一次新的革命》为题，对全世界的粮食生产状况和解决粮食问题的途径作了一个综合评

1999 年，袁隆平在云南省永胜县涛源乡考察杂交水稻超高产情况

袁隆平作关于超级杂交稻育种进展的学术报告

述，认为解决未来粮食问题的途径有：袁隆平提出的超级杂交稻、国际水稻所提出的新株型稻和基因工程提高作物光合作用效率。尔后，又专门出版专刊，介绍中国的超级杂交水稻。世界银行致信说，读到《科学》杂志刊登的文章后，对超级杂交水稻典型植株模型的照片很感兴趣，希望能登载出来；美国有线电视新闻网（CNN）也派记者来到中国，进行超级杂交水稻的现场采访。

后经反复观察、分析、思索，袁隆平提炼出这样的心得：育种家必须有清醒的认识。迄今为止，通过育种提高作物产量，只有两条有效途径：一是形态改良，二是杂种优势利用。单纯的形态改良，潜力有限；杂种优势如果不与形态改良结合，效果必然差。其他途径和技术，包括分子育种在内的高技术，最终都必须落实到优良的形态和强大的杂种优势上，才能获得良好的效果。另外，作物育种更高层次的发展，又依赖于现代生物技术的进步。

水稻包含籼稻和粳稻两个亚种，杂种优势的高低趋势一般是：籼粳交＞籼爪交＞粳爪交＞籼籼交＞粳粳交。利用籼粳交来提高杂种优势水平，一直是很多专家梦寐以求的愿望。但是，利用籼粳杂种优势的难度很大。最主要的是，由于籼稻和粳稻为不同亚种，亲缘关系较远，二者之间存在不亲和性，导致籼粳杂种的受精结实不正常，穗子大，结实率却很低，一般只有30%左右，而且大部分是空壳，所以，优势很强，但实际产量不高。袁隆平深知，利用亚种间杂种优势的关键，在于解决杂种一代结实率低这一世界难题。

袁隆平作学术报告，
展示超级杂交稻蔚为壮观
的"水稻瀑布"图景

1982 年，日本学者、京都大学教授池桥宏揭示了籼粳
不亲和性及由此引起的杂种结实率低的原因，首次提出"水
稻广亲和现象"假说，即一些中间型水稻材料与籼、粳品种
杂交，F1 代都能正常结实的现象。这些水稻品种（系）被
称为广亲和品种，并将具有广亲和性的基因称为广亲和基
因。池桥宏在爪哇稻中发现了广
亲和基因。

袁隆平总结多年的育种实践，
证明结实率低，主要是因为亲缘
关系较远、遗传差异较大导致的
不亲和性。解决亚种间杂种一代
结实率低的关键，在于培育出同
时具有主效和辅助广亲和基因的
广谱广亲和系。他带领团队采用

20 世纪 80 年代，日
本学者池桥宏在水稻研
究 中 发 现 广 亲 和 基 因。
袁隆平（右二）带领团队
通过与池桥宏（右三）合
作，利用广亲和基因，克
服了籼粳亚种间杂交稻结
实率低的难题。

2000 年，袁隆平观察超级杂交稻新品种的穗粒表现

这种特别基因，为克服籼粳亚种间杂交稻结实率低的难题打开了突破口，基本上解决了结实率低这个问题。

湖南杂交水稻研究中心研究员罗孝和正是根据这个思路，用籼粳混合血缘的材料做亲本，其中之一具有广亲和基因，实现了部分利用籼粳杂种优势，率先选育出广谱广亲和

2008 年，袁隆平与全国其他杂交水稻专家邹江石（左一）、谢华安（左二）、昂盛福（右四）、罗孝和（右三）、顾铭洪（右二）、李成荃（右一），出席安徽芜湖水稻产业提升高峰论坛时，在一起讨论

不育系"培矮64S"。它与多个籼稻、粳稻配组杂交的后代的结实率都很正常，而且表现出强大的杂种优势。此后，江苏农科院研究员邹江石，采用"培矮64S"选育出第一期超级杂交稻先锋组合"两优培九"。它一经问世，便显示出强劲的超高产潜力。在中等肥力条件下，"两优培九"亩产可达600公斤以上，比同熟期的品种间杂交稻每亩增产50—100公斤。池桥宏由于自己的设想得以在中国长沙付诸实施，并取得良好实效，5次来长沙进行交流，与袁隆平团队共同解决籼粳杂种优势利用过程中结实率不高的难题。正因为池桥宏对杂交稻研发事业作出贡献，他获得了2018年"袁隆平农业科技奖"。

两系法亚种间杂种优势利用与优良株型相结合的常规育种路线，被认为是中国独创的超级杂交稻育种的技术路线；

江苏省农业科学院研究员邹江石（右），采用"培矮64S"，选育出第一期超级杂交稻先锋组合"两优培九"

133

超级杂交稻"两优培九"

而且被实践证明，是在遗传上具有多种增产效应的成熟的先进技术路线。这一技术路线，使中国水稻育种目前依然保持着世界领先水平，走在世界前列。

2009年9月，全国专家在湖南省溆浦县察看杂交水稻组合示范现场，右一为袁隆平，右二为中国工程院院士颜龙安，右三为中国工程院院士朱英国

就农业技术而言，日本人在水稻研究上颇有成就，因此也非常骄傲，但中国的水稻超高产研究后来居上。所以，他们来湖南杂交水稻研究中心参观超级杂交稻时，在事实面前不得不折服，向袁隆平竖起大拇指说："你们走在我们前面了，我们要向你们学习。"

国际水稻所参照袁隆平的株型模式，对其原先设计的模式作了多处修改。在保密的情况下，菲律宾试种了中国超级杂交稻的苗头组合，比当地同等条件下的常规良种增产50%以上，比国际水稻所新育成的杂交稻增产25%以上。对此，菲律宾总统非常重视，鼓励菲律宾农民种植这种新

2011年，袁隆平在湖南省隆回县考察大面积亩产达900公斤的第三期超级杂交稻

2003年，袁隆平与试种杂交稻的菲律宾农民合影

135

　　2013 年 4 月 9 日，袁隆平与时任农业部部长韩长赋，在海南三亚基地超级杂交稻田间察看，
并宣布第四期超级杂交稻攻关正式启动

型杂交稻。

　　袁隆平领衔开展的杂交稻超高产攻关，近 20 年间取得斐然成绩。早在 1986 年，袁隆平为了探寻水稻杂种优势利用途径，以杂交水稻育种分三系法、两系法和一系法研究为战略，进一步开展两系法及更高阶段杂交稻攻关。经过努力，1995 年，两系法杂交水稻研究取得成功；2000 年，实现了农业部提出的中国超级稻育种计划第一期大面积亩产 700 公斤的目标，比曾经轰动一时的、国际水稻所制定的超级稻育种计划提前 6 年达标；更可喜的是，2004 年，比计划提早一年，达到了第二期超级稻亩产 800 公斤的目标；2012 年、2014 年，先后顺利提前实现第三期亩产 900 公斤、第四期亩产 1000 公斤的目标。特别是近几年，相继突破每公顷 16 吨、17 吨的水平，使中国的水稻技术研发持续处于世界领先地位。

　　为了促进超级杂交稻最新研究成果尽快转化为现实生产力，从攻关研究到生产应用，中间有一个非常重要的示范

2014 年，农业部组织专家在湖南省溆浦县超级杂交稻百亩示范片测产验收，平均亩产达 1026.7 公斤，并举行新闻发布会。图为时任中国水稻研究所所长程式华宣布测产结果。

2014 年，第四期超级杂交稻在湖南省溆浦县验收时，袁隆平与大家一起吃盒饭

环节，可以起到将成果推广到农业生产的展示效果，促进推广。为了做好大面积生产前的示范工作，袁隆平团队每年都在全国很多地方设立示范点，少则百亩，多则千亩、万亩进

2013 年，袁隆平与中国科学院院士谢华安（左二）、中国工程院院士朱英国（左三）等专家，在海南三亚南繁试验田察看杂交水稻品比试验情况

袁隆平率队考察超级
杂交稻示范田

行连片展示。当地农业技术人员与农民往往直接参与到各示
范片的工作中，形成与基层十分紧密的连接。金秋时节来临
时，是高产攻关示范片尽显风骚的关键时刻。测产验收的结

袁隆平在"看禾选种，
助农增收"活动现场察看
种子示范田

袁隆平提出通过提高株高，利用优势强大的亚种间杂种优势，培育新型高度抗倒超高产组合的技术路线

果，往往推高一波又一波令人激动的热潮。

但是，"个性就是不满足"的袁隆平没有登顶后的得意。随着超级杂交稻研发的推进，他继续带领团队优化技术路线，大胆假设了通过提高株高，利用优势强大的亚种间杂种优势，培育新型高度抗倒超高产组合的思路，并综合探索了超级杂交稻新品种与超高产栽培及生态环境相配套的技术。他再次提出良种、良法、良田、良态"四良"配套策略。运用这一策略，云南省个旧市大屯镇百亩示范片，在 2015 年、2016 年、2017 年连续 3 年实现平均亩产超过 1067 公斤，即每公顷 16 吨。尤为突出的是 2018 年，在该示范片，平均亩产达到 1152.3 公斤，即每公顷 17.28

2009 年，袁隆平在云南考察超级杂交稻种植情况

2017 年，袁隆平与中国科学院院士李家洋（左二）、中国工程院院士刘旭（右二）、湖南农科院研究员柏连阳（右一）、湖南杂交水稻研究中心研究员马国辉一起，在海南三亚南繁试验田察看超级杂交稻

吨，成功突破 17 吨 / 公顷（1134 公斤 / 亩）的攻关目标；高产丘块的亩产达到 1209.5 公斤，刷新了世界纪录。

　　对于云南的示范，袁隆平十分认同，也十分满意，这

2016 年，袁隆平（右二）在云南省个旧市大屯镇考察大面积单产达每公顷 16 吨的第五期超级杂交稻情况

2018 年，在云南省个旧市大屯镇举行的科技部重点研发计划"水稻杂种优势利用技术与强优势杂交种创制"项目现场观摩会上，专家组宣布当场组织测产。图中人员从左至右依次为：测产专家、中国工程院院士张洪程，示范片指导顾问凌启鸿教授，测产专家组组长、中国科学院院士谢华安，测产专家、中国工程院院士罗锡文，测产专家、中国工程院院士朱有勇，测产专家钱前研究员。

源于他对云南有一份特殊的感情。抗战的时候，他的四弟袁隆德和五弟袁隆湘，曾在昆明读书；20 世纪 70 年代，袁隆平本人来到云南搜集种质资源并开展品种繁育工作；80 年代，他又来到云南个旧考察杂交水稻种植情况；今天，他在

2004 年，袁隆平在怀化杂交水稻与世界粮食安全论坛上发布《怀化宣言》

云南设有院士工作站。袁隆平对云南发展高原特色农业赞赏有加，他说："云南处于云贵高原，纬度低、海拔高，阳光充足、昼夜温差大，具有水稻高产得天独厚的气候优势，是水稻品种产量潜力'打擂台'的好地方，可以打造成为面向东盟的杂交水稻推广基地。"2009年，超级杂交稻项目进驻个旧市大屯镇，设立高产示范基地。当年就获得亩产916.44公斤，创造了当时的全国第一。

袁隆平总是说："我的个性就是总觉得不满足。"超级杂交稻目标的连续实现表明，这一内在精神已外化于行。追求水稻高产更高产，袁隆平尤感探索的乐趣，更使他倍感欣慰，他的最大心愿就是"发展杂交水稻，造福世界人民"，希望杂交水稻为解决世界性的粮食问题发挥作用。

第三代杂交稻"叁优一号"

袁隆平再次从战略高度，提出杂交水稻发展战略。他认为，杂交水稻技术将由以细胞质雄性不育系为遗传工具的三系法杂交水稻为第一代杂交水稻、以光温敏雄性不育系为遗传工具的两系法杂交水稻为第二代杂交水稻，逐渐过渡到以遗传工程雄性不育系为遗传工具的第三代杂交水稻。第三代杂交水稻不仅兼有三

2019 年 10 月 22 日，测产专家组专家——中国工程院院士万建民（右三），中国科学院院士谢华安（右二），中国水稻研究所副所长、研究员钱前（右一）在第三代杂交水稻"叁优一号"测产现场察看

系不育系稳定和两系不育系配组自由的优点，同时又克服了三系不育系配组受局限、两系不育系制种时可能"打摆子"和繁殖产量低的缺点。遗传工程雄性不育系的每个稻穗上，约结一半有色的种子和一半无色的种子。无色的种子是非转基因、雄性不育的，可用于制种，因此，制出的杂交稻种子也是非转基因的；有色的种子是转基因、可育的，可用来繁殖。有色的种子自交后代的稻穗，又是一半结有色的种子、一半结无色的种子，利用色选机能将二者彻底分开，因而，制种和繁殖都非常简便易行。预计第三代杂交水稻大面积推广后，将为保障我国粮食安全发挥重大作用。

袁隆平指挥团队奋战数年，已经成功研发了第三代杂交水稻技术，并选育出强优势先锋组合"叁优一号"。2019 年，在湖南省多点作一季晚稻试种已初露锋芒，分蘖能力强，茎秆粗壮抗倒性强，穗粗着粒密，结实率高。特别是衡南示范点，经专家组测产，平均亩产为 1046.3 公斤。2020 年，袁隆平提出"3000 斤工程"的设想，以第三代杂交稻为重点，开展以双季稻周年亩产 3000 斤为目标的攻关示范。其中，衡南示范点种植双季稻再创佳绩，"叁优一号"作为双季晚稻亩总颖花数达 5000 万以上，虽遭遇长期低温阴雨，最后测产亩产依然实现 911.7 公斤，加上早稻测产达亩产 619.06 公斤，周年亩产稻谷突破 1500 公斤，达到 1530.76 公斤，在双季稻区实现了重大突破。2021 年，袁隆平将这项工程扩大至 7 省 20 个点实施。5 月 9 日，从海南三亚最先传来好消息：在位于海棠湾的国家水稻公园示范点种植的早造超级杂交稻"超优千号"，经测产平均亩产达 1004.83 公斤，有望全年双季亩产达到 1500 公斤。袁隆平在病床上听到这个消息时，高兴地拍手称快。在热烈庆祝中国共产党成立 100 周年之际，他说，这是向党的百年华诞献上的头礼。

　　根据袁隆平的预见，第四代杂交水稻应是正在研究中的碳四型（C4）杂交水稻。从理论上讲，C4 型玉米、甘蔗

2020 年 11 月 2 日，袁隆平在庆祝湖南省衡南县实现双季稻全年亩产 1530.76 公斤视频连线会上，对示范结果表示满意，并用英文说："I'm excited. More than excited."

袁隆平指导三儿子
袁定阳（左一）进行碳四
型杂交水稻研究

等作物的光合效率，比 C3 型水稻、小麦等作物高 30%—
50%。前国际水稻研究所所长齐格勒在 2007 年估计，C4 型
水稻可在未来 10—15 年内研究成功。高光效、强优势的 C4
型杂交稻，必将把水稻的产量潜力进一步大幅度提高。国外
专家称，育成 C4 型水稻将是第二次绿色革命；但袁隆平认
为，应列为第三次绿色革命。第一次绿色革命是形态改良，

2020 年 12 月 20 日，
袁隆平召集 2021 年水稻超
高产工作会议，布置"3000
斤工程"任务

把水稻的高秆变为矮秆或半矮秆，提高了收获指数；第二次绿色革命是杂交水稻育成，利用了水稻的杂种优势。

第五代杂交水稻是利用无融合生殖，固定水稻的杂种优势，这是杂交水稻发展的最高阶段。无融合生殖是不通过受精作用而产生种子的生殖方式，二倍体无融合生殖可使世代更迭但不改变基因型，后代的遗传结构与母本相同，因此，可以固定杂种优势，育成不分离的杂交种。只要获得一个优良的杂种单株，就可凭借种子繁殖，迅速地在大面积生产上应用。但是，要育成专性无融合生殖的杂交种，难度很大。巧合的是，2019 年，世界著名学术期刊《自然》报道，中国青年科学家、中国水稻研究所研究员王克剑聚焦于无融合生殖这一战略前沿领域开展研究，率先取得重要进展。他带领团队利用基因编辑技术，在杂交水稻中成

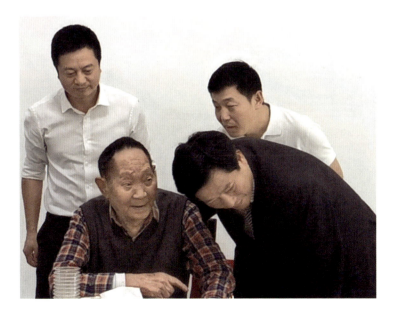

2021 年春节，袁隆平提出，他的新年愿望是进一步扩大"3000 斤工程"示范面，并确定这一任务的目标。前排右为湖南杂交水稻研究中心主任齐绍武，后排右为湖南杂交水稻研究中心党委书记张德咏。

功建立了无融合生殖体系，首次成功地将无融合生殖特性引入杂交水稻。袁隆平认为，这项进展，可能实现杂交稻杂合基因型的固定。随着分子育种技术的进步，可望在 21 世纪中期宣告取得成功。

科技进步永无止境！如果说长期以来，袁隆平始终致力于挖掘单位面积上水稻的增产潜力，使水稻产量达到了极高水平；近几年，袁隆平开辟新的途径，发起对耐盐碱水稻（俗称"海水稻"）的研发，向盐碱地要粮食！他要在水稻杂种优势利用工作中，找寻"藏粮于地、藏粮于技"的新手段，提出了利用杂种优势和耐盐碱基因的技术策略。预计 3—5 年内有望育成耐盐浓度为 0.6%，而且亩产 300 公斤以上的水稻品种。这对于开发我国广阔的盐碱地和沿海滩涂，进一步确保粮食安全，无疑具有非常重大而深远的意义。

2019 年，袁隆平与中国水稻研究所研究员王克剑讨论通过无融合生殖研究，实现杂交稻杂合基因型的固定

最新研究进展：在杂交稻中引入无融合生殖特性

Science

Apomixis--The Asexual Revolution

Jean-Philippe Vielle Calzada, Charles F. Crane, David M. Stelly
+ See all authors and affiliations

CY84　　*Fix*　　CY84　　Clonal *Fix*

2017年　　　　　　　**2018年**

Wang C, et al. Nature biotechnology, 2019

王克剑通过基因编辑技术，在杂交稻中引入无融合生殖特性，使杂交水稻产生了克隆种子，其克隆植株的基因型与上一代完全一致

　　水稻仍蕴藏着巨大的增产潜力。袁隆平始终深信，通过科技进步和国人共同努力，中国人不仅一定能依靠自己解决吃饭问题，还能为其他发展中国家解决粮食短缺问题作出贡献。

《国家耐盐碱水稻技术创新中心建设方案》专家咨询会

　　近年来，袁隆平发起利用杂种优势加强对耐盐碱水稻的技术研究。图为2019年8月15日，袁隆平与其他专家论证筹建中的国家耐盐碱水稻技术创新中心建设方案。

2020 年，袁隆平在海南三亚考察耐盐碱水稻试验情况

6. 学科积累与发展

2006 年 6 月 9 日，华国锋为袁隆平题词："贵在创新"

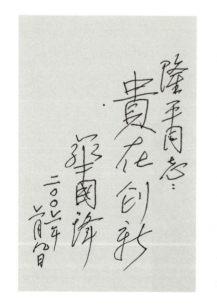

有人说，袁隆平在他的科学研究中，使理论和实践达到完美结合。他不仅是一位育种专家，更堪称育种学家。在杂交水稻研发历程中，每一个发展阶段、每一项重大创新，都离不开袁隆平起到的关键作用，都体现了他非凡的经验、智慧与学术思想。

通过每一节点袁隆平学术思想闪耀的智慧，可以把握杂交水稻学发展的脉络。

（1）1961 年，袁隆平在安江农校实习农场的早稻田中，发现了一株鹤立鸡群的稻株；第二年，根据其子代的分离与退化现象，认定它是一株天然杂交稻。由此，袁隆平萌发了人工搞杂交水稻研究的想法，并确定了未来的研究方向。这一选择的学理根据，是孟德尔—摩尔根遗传学理论。

（2）1966 年，袁隆平在《科学通报》上发表论文《水稻的雄性不孕性》。这是我国学术界第一篇关于杂交水稻研究的论文。

（3）1977 年，袁隆平在《中国农业科学》上发表的《杂交水稻培育的实践和理论》，是他经验的总结。这篇文章对于雄性不育和三系关系的解释，从另一个角度说，是进一步明确水稻存在杂种优势思想的阐释，进一步加深了对这一生物界普遍规律的理解。

（4）1987 年，袁隆平发表论文《杂交水稻的育种战略设想》，提出杂交水稻育种由三系法到两系法再到一系法，以及从品种间到亚种间再到远缘杂种优势利用三个发展阶段的战略设想。杂交水稻的发展，确证是沿着这一方向前进的。

（5）1988 年，袁隆平出版专著《杂交水稻育种栽培学》，

袁隆平主编的杂交水稻专著等出版物

袁隆平主编的《超级
杂交水稻育种栽培学》

对三系法杂交水稻的理论、技术、经验和问题进行总结与阐述，是杂交水稻学科的奠基之作；他在2002年出版的《杂交水稻学》，则是对前者的进一步提高和完善。

（6）1995年，袁隆平主纂，由联合国粮农组织出版了《杂交水稻生产技术》。这是国际上杂交水稻研究领域的第一本专著，此后还出版了西班牙文版。

（7）1997年，袁隆平发表论文《杂交水稻超高产育种》，提出了旨在提高光合作用效率的超高产杂交水稻形态模式和选育技术路线。袁隆平对超级杂交水稻理论和选育技术路线的阐述，表明他在杂交水稻领域的科学预见能力进一步强化。

从1966年发表第一篇论文《水稻的雄性不孕性》开始，袁隆平在科研实践中不断进行经验总结和理论升华，大大丰富并发展了作物遗传育种的理论和技术。他先后发表论文70余篇、出版专著8部。其中，《杂交水稻育种栽培学》和《杂交水稻学》分别获得优秀科技图书一等奖与国家图书奖；2020年出版的《超级杂交水稻育种栽培学》，获得第五届中国出版政府奖图书奖；由联合国粮农组织出版的《杂交水稻生产技术》发行到40多个国家，成为全世界杂交水稻研究和生产的指导用书。袁隆平建立并完善了一整套杂交水稻理论和应用技术体系，从而创建了一门农学与遗传学"杂交"出来的、系统的新兴学科——杂交水稻学。

　　杂交水稻学的科学体系，不仅引领着杂交水稻事业的发展，而且对包括其他作物在内的植物科学、农业生物技术应用等领域，都有着重大影响。

1977—2003 年全国杂交水稻种植面积、产量情况统计表

年份	面积（亿亩）	占全国耕地面积（%）	产量（公斤/亩）
1977	0.31	5.82	359
1978	0.64	12.40	357
1979	0.75	14.76	351
1980	0.72	14.21	353
1981	0.77	17.15	355
1982	0.76	16.93	391
1983	1.01	20.32	425
1984	1.33	26.76	427
1985	1.26	26.19	432
1986	1.34	27.68	440
1987	1.64	33.82	441
1988	1.90	39.58	440
1989	1.95	39.79	441
1990	2.39	48.18	445
1991	2.64	53.99	438
1992	2.32	50.86	442
1993	2.31	51.33	445
1994	2.32	51.29	445

年份	面积（亿亩）	占全国耕地面积（%）	产量（公斤／亩）
1995	2.45	53.07	454
1996	2.52	53.53	461
1997	2.60	54.54	468
1998	2.49	53.24	470
1999	2.53	53.29	466
2000	2.32	51.53	453
2001	2.36	54.51	460
2002	2.39	56.52	465
2003	2.37	59.69	438

注：本表数据，来源于原农业部农业技术推广中心统计数据。

九、比肩国际　寰宇风范

1. "杂交水稻之父"一说的缘起

1979 年 4 月，袁隆平应邀到菲律宾首都马尼拉出席水
稻国际学术会议。这次会议，有 20 多个国家的 200 多名科
学家参加。中国派出 4 名水稻专家参会，会上宣读了论文
《中国杂交水稻育种》。这是第一次将中国杂交水稻研究取得
的成功公开报道给国际社会。论文对中国研究杂交水稻及协
作攻关的历程、通过培育三系利用水稻杂种优势以提高产量
的进展与成果，以及杂交水稻强大的杂种优势进行了阐述，
并介绍了独特而有效的制种技术措施，最后对杂交水稻的发

1979 年 4 月，袁隆
平应邀出席由国际水稻研
究所在菲律宾马尼拉召开
的水稻国际学术会议，并
在会上回答其他科学家的
提问

展前景进行了展望。论文宣读完毕，引起与会代表的巨大
兴趣。有位印度专家问："中国杂交稻制种的异交率高，是
通过什么措施达到的？"袁隆平回答："第一，割叶，以此扫
除传播花粉的障碍；第二，人工辅助授粉，即'赶粉'。"紧
跟着，一位澳大利亚专家问什么叫"赶粉"（英文为Supple-

1981 年，袁隆平（后排右四）在访问国际水稻研究所期间，与中国驻菲律宾大使馆工作人员及中国学者合影

1982 年，袁隆平等中国学者与国际水稻研究所所长斯瓦米纳森（左三）合影

袁隆平向国际水稻研究所专家介绍中国的杂交水稻

袁隆平向来自国际水稻研究所和外国的农业专家介绍杂交水稻的优势

20世纪80年代，袁隆平在国际水稻研究所开展合作研究

mentary Pollination）。袁隆平告诉他："这是我们采用的一种土办法，就是在间隔种植的不育系和恢复系的扬花期，于晴天中午时分，用一根竹竿或两头牵扯的长绳，扫过父本（恢复系）的穗子，使父本雄蕊的花粉振脱出来。这有助于这些花粉飘落到不育系张开的颖花柱头上，促进受精，产生更多的杂交一代稻种。我们把这叫作'赶粉'。"与会代表纷纷点

20世纪80年代，袁隆平在国际水稻研究所开展合作研究时，与其他科学家在一起讨论

头，对袁隆平的清晰回答表示满意。中国历尽艰辛取得的杂
交水稻成果，引起了与会代表的极大关注。这次会议上，各
国专家公认，中国杂交水稻的研究和推广应用已经居世界领
先地位。

三系法杂交水稻研究和应用的成功，让国际稻作界对

袁隆平在国际水稻研
究所进行合作研究时，于
试验田中工作

袁隆平在国际水稻研
究所进行合作研究期间伏
案工作

1982 年，袁隆平出访国际水稻研究所，进行杂交水稻技术交流

袁隆平刮目相看。西方称杂交水稻是"东方魔稻"。国际上甚至称杂交水稻为中国的第五大发明，是第二次绿色革命。1982 年秋天，在国际水稻研究所召开的国际水稻学术报告会上，当国际水稻研究所所长、印度前农业部部长斯瓦米纳森博士，庄重地将袁隆平引上主席台的时候，投影机在屏幕上打出袁隆平的巨幅头像和一行英文字幕——"Yuan Long-ping: Father of Hybrid Rice"。中文的意思是："杂交水稻之父袁隆平"。顿时，会场上掌声四起。来自世界各国、不同肤色的专家和学者一齐起立，向袁隆平鼓掌致意。斯瓦米纳森说："我们把袁隆平先生称为'杂交水稻之父'，是因为他的成就不仅是中国的骄傲，也是世界的骄傲。他的成就给人类带来了福音。"第二天，菲律宾各大报在头版刊登了以杂交水稻的创始者——"杂交水稻之父"为大字标题的报道，并配发了照片。从此，袁隆平作为"杂交水稻之父"的称誉，

1982 年，国际水稻研究所所长斯瓦米纳森在国际水稻学术报告会上，将袁隆平誉为"杂交水稻之父"

161

袁隆平在国际水稻研
究所进行合作研究时，于
试验田间观察水稻材料

1990年，袁隆平在国
际水稻研究所开展合作研
究时，与朝鲜水稻专家李
乙炳交流

传遍了整个世界。

　　自20世纪70年代末起，袁隆平30余次穿梭在中国湖
南与菲律宾马尼拉之间，同国际水稻研究所的科学家一起开
展杂交水稻合作研究，传授中国杂交水稻育种技术的成功经
验。甚至包括技术资料，袁隆平也十分乐意分享。他曾经
应国际水稻研究所要求，组织力量编写杂交水稻技术手册。

他深知这项工作的重要性。
1985 年 9 月，中英文对照的
《杂交水稻简明教程》由湖南
科学技术出版社出版发行。
直至如今，它还是国内外杂
交水稻技术的经典教材，堪
称杂交水稻"圣经"。

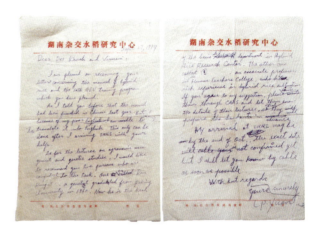

　　由于中国的杂交水稻获
得成功，国际水稻研究所受
到很大的启发和鼓舞。1979
年 10 月，国际水稻研究所与
中国签订了双方合作研究杂
交水稻的协议，主要目的是
选育适合热带和亚热带地
区的高产、多抗杂交稻。但是，
研究中又出现新的问题：第
一是中国的不育系及现有组
合不能直接在热带国家利用。

1984 年，袁隆平写给
国际水稻研究所关于共同编
写杂交水稻技术手册的信

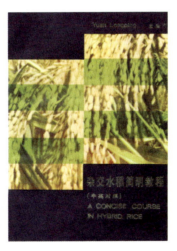

中英文对照的《杂交
水稻简明教程》于1985
年出版

第二是基本育成的几个国际稻系统的不育系，配合力太差，
用它们配出的组合大多没有优势或优势不强；反之，几个配
合力特好的母本的保持力又不好，难以转育成不育系。第三
是制种技术没过关。正是在这种背景下，20 世纪 80 年代，
袁隆平每年要安排 1—3 次，赴国际水稻研究所开展合作研
究。由此，国际水稻研究所得以重新上马中断了几年的杂交

1985 年，袁隆平
与国际水稻研究所的
科学家们在一起

Dec. 9, 1986

Dear Dr. Swaminathan:

I thank you very much for inviting me to participate the
international symposium on "Rice Farming Systems: New Directions".
The abstract of my paper "Scope for Commercial Exploitation of
Hybrid Vigor in Rice" for your comments is enclosed. The full
text will be finished by the end of this month.

As a rule, in order to get my passport, besides a invitation
letter which I already have, my travelling route from China to
Egypt must be fixed in advance. So, please let me know my air
route as soon as possible. And I would like to suggest that the
best way for me to go to Egypt is: Canton—Hongkong—Cairo. The
registration form which arrived three days ago has been mailed
back to Egypt.

I also take this opportunity to express my sincere thanks
for your enthusiastic support to make the International Hybrid
Rice Symposium a success.

With my best regards.

Truely yours

Yuan Long
L.P. Yuan

1986 年，袁隆平致信
国际水稻研究所所长斯瓦
米纳森，对邀请他参加在
埃及召开的水稻栽培体系
新方向国际学术研讨会表
示感谢

袁隆平与到访的国际
水稻研究所专家，在田间
观察来自该所水稻资源的
利用情况

2000 年，在国际水稻研究所成立 40 周年之际，袁隆平到访祝贺并赠匾

2001 年，袁隆平访问国际水稻研究所进行学术交流

水稻研究课题。

　　通过国际水稻研究所，许多国家获得了最宝贵的中国培育杂交水稻必不可缺的种质资源。国际水稻研究所以及与其合作的不少国家，都利用这一材料，育成了许多优良的不育系和高产的杂交组合，最后在生产应用上见到了明显的效果。

2. 首届杂交水稻国际学术讨论会

　　1986 年 10 月，由国际水稻研究所、湖南省科协和湖南杂交水稻研究中心联合举办的首届杂交水稻国际学术讨论会在长沙召开。与会人员中，有来自国内 24 个省、自治区、直辖市的专家学者，以及来自日本、美国、菲律宾、比利时、巴西、埃及、印度、印度尼西亚、伊朗、英国、意大利、墨西哥、斯里兰卡、泰国、马来西亚、孟加拉国、荷

1986 年 10 月，出席首届杂交水稻国际学术讨论会的国际水稻研究所贵宾抵达湖南长沙火车站，袁隆平（左六）前往迎接

1986 年 10 月，首届杂交水稻国际学术讨论会参会代表合影

兰、加纳等 20 多个国家的
代表，共约 260 名，盛况
空前。

　　这次大会召开时，杂
交水稻正以强大的优势和
蓬勃的生机在中华大地上
迅速推广，并逐步走向世
界。大会研讨了水稻的杂
种优势、雄性不育、育种
程序、抗病抗虫性、米质、
栽培、生理生化、遗传、
制种，以及杂交水稻的经
济效益等专题，是杂交水
稻面向世界、促进人类和
平幸福事业的一次学术经
验交流大会。

　　斯瓦米纳森在开幕式

1986 年 10 月，首
届杂交水稻国际学术讨论
会于湖南长沙举行，袁隆
平在大会上作题为《杂交
水稻研究与发展现状》的
发言

上说，发展中国家的耕地越来越少，人口却越来越多，唯一
的办法是提高粮食的单位面积产量。中国在杂交水稻方面的
成功，为解决这个问题作出了榜样。他还在记者招待会上
说："长沙在世界上的知名度很高，一个很重要的原因是湖
南省农业科学院、湖南杂交水稻研究中心在这里。水稻是自
花授粉作物，以前没有人认为它会有杂交优势，是中国把这
项研究抓了起来，为解决世界粮食问题作出了贡献。国际上

1986 年 10 月，在首届杂交水稻国际学术讨论会上，国际水稻研究所向湖南杂交水稻研究中心赠送纪念匾

认为，水稻高秆变矮秆是第一次绿色革命，杂交水稻育成是第二次绿色革命。中国杂交水稻的成功，还在于把科研和生产联系在一起。"斯瓦米纳森又风趣地说，"野败"的发现是杂交水稻研究的重要转折点，制种研究为大面积生产打开了

国际水稻研究所向湖南杂交水稻研究中心赠送的纪念匾

道路，我们这次是来认真学习的。

国际水稻研究所还向湖南杂交水稻研究中心赠送了纪念匾，用中、英两种文字镌刻。全文如下：

湖南杂交水稻研究中心：

国际水稻研究所荣幸地祝贺首届杂交水稻国际学术讨论会在湖南杂交水稻研究中心召开。在富有历史意义的地方召开这一学术会议分外合适。这里，通过袁隆平教授和其他中国科学家卓越的研究以及有关人员献身的劳动，使杂交水稻应用于生产成为现实。我们祈望，湖南杂交水稻研究中心成功地发展成为杂交水稻研究和培训的国际著名中心。

国际水稻研究所所长姆·斯·斯瓦米纳森

1986 年 10 月 8 日贺

斯瓦米纳森在赠匾时又说："我相信，湖南杂交水稻研究中心不仅仅是湖南和中国的杂交水稻研究中心，同时还是全世界的杂交水稻研究中心。国际水稻研究所十分珍惜与该中心的合作，并期望将来加强这种合作。"

斯瓦米纳森在临别时说："尽管离开了此地，但我把心留在了长沙。"

联合国粮农组织驻中国官员、国际水稻研究所高级科学家费马尼博士，也在会上真诚感谢湖南省政府、长沙市政府和湖南人民对这次大会的支持。他说："中国有句古话：'上

1986年10月，首届
杂交水稻国际学术讨论会
期间，袁隆平、陈洪新与
斯瓦米纳森在一起

有天堂，下有苏杭'，但对水稻科研工作者来说，应是'上
有天堂，下有长沙'。这是因为，杂交水稻研究中心就在长
沙，这里是各国杂交水稻科研工作者的'麦加圣地'。"

　　著名的印度籍国际水稻研究所首席育种专家、遗传育
种和生物化学系主任库西博士，也是袁隆平的老朋友，他由
衷地称赞："我来过这里几次。你们的科研进展真大，内容
丰富多了。"众多国外代表对中国取得的杂交水稻研究成就，
表现出浓厚的兴趣。

3. 国际交流与合作

　　中国在杂交水稻研究上取得的成功，吸引了全世界的
目光，在国际同行间产生的重大影响是十分深远的。斯瓦
米纳森曾被美国《时代》杂志赞誉为20世纪最具影响力的

2004 年，袁隆平与斯瓦米纳森（左）、中国原农业部部长何康（中）交流

20 位亚洲人物之一，并在 1987 年获得首届世界粮食奖。德高望重的他，作为国际水稻研究所前所长，在相隔 20 余年后，仍丝毫不吝啬对于袁隆平的赞美之词。他在致袁隆平 80 岁寿辰的祝词中写道："在过去的 40 多年里，你在一条充满未知与怀疑的探索之路上，辛勤工作并倾注心血地研究杂交水稻，获取了成功利用水稻杂种优势的奇迹。你使不可能变成了可能。"

　　库西是印度国家科学院院士、发展中国家科学院院士、美国科学院外籍院士、英国皇家学会外籍会员，曾荣获美国农学会奖、日本科学技术基金奖、沃尔夫农业奖、世界粮食奖等多项国际学术奖励。他长期与中国的水稻科学家合作，是中国科学院外籍院士，并曾荣获 2000 年度中国政府友谊奖和 2001 年度中国政府国际科学技术合作奖等。2018 年 9 月 12 日，库西在中国访问时，特意乘高铁来长沙拜访袁隆

1985 年，袁隆平与库西（左）等国际水稻研究所的科学家交流杂交水稻技术

1987 年，袁隆平与库西（中）、杨仁崔在杭州合影

2001 年，袁隆平与访问湖南杂交水稻研究中心的库西交流

2004 年，袁隆平在出席以色列沃尔夫农业奖颁奖仪式期间，与库西交流

2004 年，袁隆平在出席美国世界粮食奖颁奖仪式期间，与库西交流

平。他来到袁隆平种植超级杂交稻的试验田观看时，高兴地说："超级杂交稻确实像列队迎宾的仪仗队。"在袁隆平的90岁生日来临前夕，库西写信给袁隆平，回忆起与袁隆平的交往："我们初次会面是在国际水稻研究所，迄今已有近45年。在20世纪60年代和70年代，许多水稻科学家对发展杂交水稻持怀疑态度，但您用实际行动证明了杂交水稻的现实重大意义。在坚持不懈的努力下，您发现了最初的水稻细胞质不育系和保持系，研发出第一批杂交水稻品种，余下便皆是我们熟知的历史。全世界每一个水稻研究机构都运用了杂交水稻技术，这是其成功的见证。杂交水稻为中国以及全世界的水稻生产作出了重大贡献。"库西还回忆了与袁隆平探讨培养年轻水稻科学家从事杂交水稻研究的重要性，并邀请袁隆平作演讲，激励国际水稻研究所年轻

2018年9月12日，袁隆平陪同库西观看种植在湖南杂交水稻研究中心试验田中的超级杂交稻

的水稻学员。

20世纪90年代，袁隆平与助手黎垣庆赴美国国家水稻研究中心，开展无融合生殖合作研究，与美国国家水稻研究中心主任日瓦特哥建立了深厚的友谊。1993年，袁隆平获得美国费因斯特基金会颁发的拯救世界饥饿奖。日瓦特哥是提名袁隆平获拯救世界饥饿奖的推荐人之一。袁隆平在美国布朗大学参加颁奖仪式时，布朗大学的校长播放了日瓦特哥的一段讲话录像。日瓦特哥说："袁隆平教授的成就可以得诺贝尔奖。"1996年，袁隆平再次访问美国国家水稻研究中心。日瓦特哥又一次表明这个观点。他说，袁隆平研究成功的杂交水稻，为解决世界粮食问题开创出了一条快捷、有效的途径。他值得获诺贝尔奖。

为推动水稻无融合生殖研究的交流合作，湖南杂交水稻研究中心于1992年在长沙召开水稻无融合生殖国际学术讨论会，着重研讨具有无融合生殖特性的水稻材料在遗传学及胚胎学等方面研究的初步结果，以及将异属中的无融合生殖基因导入水稻的试探性研究情况。会议认为，水稻在这方面的研究刚刚开始，并且尚处于探索阶段。会议提出，有必要对已发掘的无融合生殖水稻资源作更深入的研究和改造，这需要借助分子生物技术的途径来攻关。

1993年，袁隆平赴美国布朗大学出席费因斯特基金会拯救世界饥饿奖颁奖仪式。当地报纸报道了拯救世界饥饿奖推荐人、美国国家水稻研究中心主任日瓦特哥的评价："袁隆平教授的成就可以得诺贝尔奖。"

4.《科学》杂志介绍超级杂交稻选育理论

20 世纪 80 年代后期以来，世界上有的国家和国际农业研究机构，把追求水稻超高产作为育种研究的探索目标。1997 年，袁隆平撰写的论文《杂交水稻超高产育种》，发表在《杂交水稻》杂志 1997 年第 6 期上。

这篇文章引起《科学》杂志的重视。该刊是国际科学界的权威性刊物，在 1999 年 1 月出版的第 283 卷第 5400 号第 313 页上发表文章，介绍袁隆平的这篇论文，并刊登了中国超级杂交稻形态的照片，对杂交稻超高产育种的设计理念、袁隆平构想的水稻株型形态作了介绍，还评论说："袁教授正在寻求一次新的革命。"《科学》杂志又称，这一成功将是水稻育种史上的一次重大突破，必将对当今世界粮食安全作出重大贡献。

1996 年，袁隆平在美国国家水稻研究中心与该中心研究人员一起讨论无融合生殖合作研究问题

后来，《科学》杂志对超级杂交稻研究给予高度关注，数次报道这方面研究的进展情况。2008 年，全球性的粮食危机让世界担忧。《科学》杂志指出，依靠杂交稻是获得更高粮食产量的途径。

1992 年，袁隆平出席在菲律宾召开的第 2 届国际杂交水稻学术研讨会

1996 年，袁隆平出席在印度召开的第 3 届国际杂交水稻学术研讨会

2002年，袁隆平在越南召开的第4届国际杂交水稻学术研讨会上作学术报告

2008年，袁隆平在长沙召开的第5届国际杂交水稻学术研讨会上作学术报告

2012年，袁隆平出席在印度召开的第6届国际杂交水稻学术研讨会

1983 年，袁隆平（左二）向来访的美国农业专家介绍杂交水稻

1998 年，袁隆平在埃及出席联合国粮农组织举行的水稻技术会议

2001年，袁隆平出席在孟加拉国召开的亚洲杂交水稻项目负责人会议

2004年，袁隆平在出席以色列沃尔夫农业奖颁奖期间，与以色列科学家交流，中为印度科学家库西

2004 年，袁隆平与美国科学家唐克斯雷博士交流

2002 年 9 月 16 日，袁隆平出席首届国际水稻大会开幕式

2003 年，袁隆平与参加杂交水稻强化栽培论坛的外国专家交流

2004 年 2 月 13 日，袁隆平在联合国粮农组织召开的国际稻米大会上介绍中国杂交水稻情况

2004 年，袁隆平与诺贝尔和平奖获得者诺曼·布劳格交流

2004 年，袁隆平与出
席世界粮食奖学术会议的
科学家交流杂交水稻技术

2004 年，袁隆平在美
国艾奥瓦州立大学讲学

2009 年 9 月 11 日，
袁隆平与出席中国杂交水
稻技术对外合作部长级论
坛的联合国粮农组织驻中
国代表塞奇托莱科女士进
行讨论

2013年4月8日，袁隆平在粮食安全问题圆桌论坛上发言

2014年，袁隆平在世界种子大会上发表主题演讲

2016年，袁隆平与诺贝尔物理学奖获得者杨振宁交流

NEWS FOCUS

PLANT BREEDING

Hopes Grow for Hybrid Rice To Feed Developing World

U.S. company builds on successes in China as improved techniques and better management deliver higher yields

LOS BAÑOS, THE PHILIPPINES—Sant Virmani, who heads hybrid rice–breeding efforts at the International Rice Research Institute (IRRI) here, remembers when the number of scientists interested in the subject could fit into his living room. But this month, organizers of an international conference marking the 40th anniversary of IRRI* had to fold back a room divider and bring in more chairs to handle the throng that gathered to hear his talk.

That heightened interest reflects the growing number of researchers who hope that hybrid rice will help feed the billions of people who rely on the crop. "Hybrid rice is really the only [technique] at hand that has proven to boost yields in farmers' fields," Virmani says.

Although rice breeders have created improved, higher producing rice varieties, they haven't been able to take advantage of a natural phenomenon that jacks up the yields of grains such as corn. Thanks to an imperfectly understood effect called heterosis, the first generation, or F1, hybrid of a cross of two different varieties grows more vigorously and produces from 15% to 30% more grain than either parent. But because rice is self-pollinating, with each plant producing its own fertilizing pollen, producing hybrid rice was commercially impractical. Now, 3 decades of effort has produced hybrid rice varieties and commercially viable methods of producing the hybrid seed. "Finally, hybrid rice is ready to take off," Virmani says.

Such a jump is needed because increases in rice yields have leveled off in the 1990s, while the population continues to grow. But others counsel caution. They warn that the quality of the hybrid rice hasn't yet matched that of current varieties and that growing hybrid rice requires changes in farming practices, in particular, the purchase of new seeds for every growing season. "Hybrid rice is not a success story—yet," says Wayne Freeman, a retired agronomist who formerly oversaw The Rockefeller Foundation's food programs in India.

The road to the current progress has been long and arduous. In the late 1960s, Chinese researchers discovered a wild male sterile rice variety. Because male sterile plants don't produce pollen of their own, that allowed researchers to fertilize the plants with pollen from other varieties. Not all crosses work, however. Some produce lots of vegetation but little grain. Yuan Longping, director of China's National Hybrid Rice Research and Development Center in Changsha, Hunan Province, has spent 2 decades working on breeding this male sterility trait into the indica rice varieties grown in China and improving seed-

Tech transfer. RiceTec's Robin Andrews, left, has adapted the hybrid rice techniques pioneered by China's Yuan Longping, far left. Hybrids can yield 30% more rice.

production techniques. Hybrid rice now covers about 50% of China's rice acreage and accounts for 60% of production.

For a long time, however, China was the exception. Its success rested on its vast pool of cheap labor and heavy government subsidies. Producing hybrid seed requires growing the male sterile line together with a second parental line, which provides the pollen. Large teams of Chinese workers spray the male sterile plants with a growth hormone that induces the panicles, or grain clusters, to emerge from the rice leaf sheath to catch pollen more easily. The pollen has to be shaken loose from the second line by workers dragging ropes or sticks over the plants. In a separate area, the male sterile line must be grown alongside a third line, which provides pollen to reproduce the male sterile line for the next seed-growing season.

However, the lure of potential payoffs has proven irresistible. A hybrid rice project launched by the Indian Council of Agricultural Research has boosted yields from less than 100 kilograms per hectare to about 1.5 metric tons through a painstaking trial-and-error breeding effort that involved more than 1000 experimental hybrid lines. Commercial cultivation began in 1994, and some 150,000 hectares are now planted in hybrid rice. Hybrid rice is also being grown in Vietnam and the Philippines, and scientists in Bangladesh, Sri Lanka, and Indonesia are developing hybrid rice varieties for farmers.

In the United States, an effort in the 1980s by a subsidiary of Occidental Petroleum Corp. fell flat. But in the early 1990s a company controlled by the prince of Liechtenstein picked up the rights to use the Chinese hybrid techniques and plant materials and underwrote a research program by RiceTec Inc. of Alvin, Texas, to commercialize the technology. In addition to transferring the male sterility trait into varieties suitable for the United States, RiceTec has mechanized the seed-production process to eliminate the hand labor used in China. "We are doing with just two workers what the Chinese are doing with 100," boasts Robin Andrews, company president, who says that the details are proprietary. Last year, field trials in Arkansas and Missouri produced hybrid plots with an average yield 33% greater than a variety of the farmers' choice. As a result, says Andrews, "every one of the farmers who participated in our trials has bought seed to plant this year."

Farmers in other parts of the world remain to be convinced that hybrid rice is better, however. A small study in India by Aldas Janaiah, an agricultural sociologist at IRRI, found that actual harvests often fell short of projected yields and that most farmers do not plan to plant hybrid rice again. And Virmani admits that hybrids require farmers to monitor fertilizer applications more closely and take greater care of the transplanted seedlings. Breeders also need to improve the quality and taste of hybrid rice.

Still, Virmani believes that the growing cadre of researchers around the world will eventually solve those problems. "Ten years ago you couldn't get even 20 people interested in talking about hybrid rice," he says. "Hybrid [rice] research efforts are really just getting started."

—DENNIS NORMILE

* Rice Research for Food Security and Poverty Alleviation, 31 March to 3 April.

《科学》杂志报道中国超级杂交稻研究进展情况

十、播撒和平　造福世界

    杂交水稻是水稻界、世界粮食界的一次革命，开创了水稻育种的一个革命性的新途径。杂交水稻关乎国计民生、保障粮食安全的重大主题，袁隆平把"发展杂交水稻，造福世界人民"作为毕生的追求。为了实现这一宏愿，他长期不遗余力地投身对外科技交流、技术培训以及政府间合作。

1.第一项农业专利转让给美国及其后的中美合作

    1979 年 5 月，中国农业部将 1.5 公斤杂交水稻种子赠送给美国西方石油公司，标志着中国杂交水稻跨出国门、走向国际的第一步，从此开启了中国杂交水稻走向世界的大门。美国曾在 20 世纪 70 年代研究杂交水稻，因未实现三系配套，无法在生产上利用，但十分看好中国杂交水稻的成功。美国西方石油公司下属的圆环种子公司的总经理威尔其访华时，中国农业部的种子公司送给他 3 个组合，每个组合 0.5 公斤，共 1.5 公斤杂交稻种。威尔其把稻种带回去进行小区试种，表现出明显优势，与美国当地的水稻良种比较，增产33% 以上。1979 年 12 月，威尔其怀着对杂交水稻浓厚的兴趣，再次来华。经过谈判，他与中国种子公司签订了在种子

技术方面进行交流与合作的原则性协议。1980 年 1 月，威
尔其第三次来华，中美双方正式签订合同。合同规定：中方
将杂交水稻技术传授给美方，在美国制种。制出的种子在美
国、巴西、埃及、西班牙等国销售。圆环种子公司每年从销
售种子的总收入中，提取一定比例的知识产权利用提成给予
中国合作方，合同有效期为 20 年。这是一项对于中美两国
和两国农业科学技术都很有意义的合同，也是中国农业第一
个对外技术转让合同。这件事引起国际社会的广泛关注。

　　美国西方石油公司决定加强宣传力度，于 1981 年 7 月
特地派摄制组来中国，拍摄了一部以中国杂交水稻为中心内
容的彩色纪录片，题为《在中华人民共和国的花园里——中
国杂交水稻的故事》。这部影片曾于 1983 年 7 月在日本电视

1980 年，袁隆平在美
国指导杂交水稻技术研究

1983年，英国壳牌公司派摄制组在湖南长沙拍摄有关中国杂交水稻的纪录片

1980年，袁隆平等人赴美国指导杂交水稻技术研究。图为袁隆平（中）和研究员杜慎余（左）、陈一吾从住地骑自行车，赴国立加利福尼亚州大学农业试验站途中。

台向日本全国播放，引起了轰动。日本出版的《神奇水稻的威胁》一书称："杂交水稻这一海外传奇给日本带来了风暴。"

根据对美技术转让合同，1980年，袁隆平、陈一吾、杜慎余应邀赴美国进行技术指导。5月，袁隆平与陈一吾、杜慎余三人到达美国圆环种子公司设在加利福尼亚州南端的埃尔森特罗——国立加利福尼亚州大学农业试验站。此后一段时间里，袁隆平等人每天骑自行车往返于住地与试验站之间，传授杂交水稻制种技术。

加州大学农学院的教授们对中国仅用 9 年时间，就取得杂交水稻从起步研究到三系配套的成就，感到非常惊讶，并表示敬佩。随后，美方派人来湖南省农业科学院订立科研合同，请求为他们培育米质优良的杂交水稻和异交率高的不育系。此后，袁隆平 5 次应邀赴美传授技术。他的助手尹华奇、李必湖、周坤炉等人，也都多次赴美国传授杂交水稻育种和制种技术。

杂交水稻技术被转让给美国西方石油公司后，其下属的圆环种子公司急于加快商业化步伐从中获利。诚然，合作是为了追求共赢，但袁隆平面对美方的愿望，出于一名技术专家的职责，站在客观、科学的立场，劝说他们要循序渐进，还给他们提出了几点宝贵的建议。

1986 年，袁隆平在写给美国圆环种子公司总裁约翰逊和技术主管卡鲁布的信中说：

亲爱的约翰逊和卡鲁布：

这封信是给你们计划进行杂交水稻种子生产的建议。非正式地据说你们已经制订了一个宏大的计划，准备 1987 年在德州农场生产 (100 万—200 万磅) RAX2003 的种子。尽管我钦佩你们在商业上的雄心壮志和理解你们急于成为杂交水稻在中国之外的成功者，但是，我对于这个计划有些保留意见。正如我去年 10 月在长沙对卡鲁布博士提出过我个人的观点，要将一个杂交水稻品种进行商业化生产，要有 3 个先决条件：

1. 要比正在推广的最好的常规水稻品种增产 20%；

2. 其大面积生产的平均产量要达到每英亩 1200 磅；

3. 米质要好。

但是，据我所知，此杂交水稻品种，不具备上述 3 个条件，特别是制种产量达不到。根据我们的观察，L301A 制种时的异交结实率没有达到我们的要求。这是因为它的开花习性不好，即：第一，它每天的开花时间比正常品种迟；第二，开花后，它的柱头会萎蔫，可能是因为它的柱头太大的缘故；第三，在某些性状上还存在分离现象。因此，我想对你们的生产和研究计划，提出一些建议：

1. RAX2003 是一个有希望的杂交水稻品种，但是到目前为止，还没有到达大量制种的地步，它还在产量试验阶段，在 1987 年进行 20—30 英亩 F1 制种比较合理；

2. 不育系 22A（属于改进的菲改 A）更好一些，它具有高异交结实率，用它制种，很容易得到每英亩 2000 磅的种子产量，请重点繁殖和试验它。

致以良好的祝愿！

你们的真诚的朋友

袁隆平

袁隆平及其助手经过连续几年的努力，进行了适合美国

1986年，袁隆平写给美国圆环种子公司总裁约翰逊和技术主管卡鲁布的信

栽培方式和米质要求的组合的选育，还力图解决机械化制种问题，使制种结实率达到75%—85%，并帮助美方解决了不少难题。中国杂交水稻在美国连续试验了3年，产量比当地当家品种增产48%以上，并且早熟8天，又适于机械化种植。精米率完整，高于对照品种，经美国稻米协会鉴定，符合美国稻米市场要求。

后来，美国圆环种子公司将合同转让给位于得克萨斯州的美国水稻技术公司。迄今，中美合作的篇章仍在续写，友谊也在延续。美国水稻技术公司是一家由列支敦士登国王私人投资的公司，与湖南杂交水稻研究中心签署了合作开发协议。1994年9月，该协议获得中国农业部正式批准。湖南

杂交水稻研究中心先后派出十几位专家，赴美国水稻技术公司开展了富有成效的工作，帮助美方克服了育种、繁殖和制种过程中的种种难题。20多年的合作，至今一直延续。随着美国水稻技术公司经营规模的扩大、业务范围的延伸，南美等市场也得到开发。目前，美国水稻技术公司成为袁隆平

2010年，袁隆平陪同美国水稻技术公司高管及专家参观超级杂交水稻示范展示

2012年，列支敦士登国王汉斯·亚当二世到访长沙，与袁隆平见面

"杂交水稻覆盖全球梦"的忠实践行者。

　　袁隆平团队通过技术指导，使美国实现了机械化制种，制种时用直升机辅助授粉，比中国靠人工拉绳子"赶粉"先进。然而，中国的进步是神速的。美国这种通过直升机在制种田上空飞行，以机翼振动达到辅助授粉目的的技术，如今在中国已实现由遥控无人机完成。

2. 联合国粮农组织增产粮食首选战略项目

　　20 世纪 90 年代，联合国粮农组织把各水稻生产国发展杂交水稻，作为增产粮食、解决粮食短缺问题的首选战略项目，选择了 15 个国家，给它们提供经费，推广杂交水稻，这为杂交水稻在全世界的研究和推广提供了良机与条件。有十几位专家受聘为联合国粮农组织的顾问，袁隆平被聘为首席顾问。他先后 10 多次到印度、孟加拉国、越南、菲律宾、缅甸等国进行技术指导并接受咨询，毫无保留地向全世界传授杂交水稻技术，帮助克服粮食短缺和饥饿问题，为这些国家建立起一套发展杂交水稻的人才与技术体系，还先后提供 50 多个杂交水稻组合在南亚和东南亚进行试种推广。从而，促使东南亚、南亚、

1990 年，袁隆平向外宾展示杂交水稻杂种优势

195

1992 年 11 月 8 日，袁隆平在印度班加罗尔转机前往海得拉巴

1992 年，袁隆平于印度指导杂交水稻技术期间，在田间观察

北美、南美、非洲等地的 40 多个国家和地区引种并研究杂交水稻，实现了显著的增产效益，为产稻国粮食增产开辟了有效途径。

　　1990 至 1993 年，袁隆平连续 3 次去印度，行使联合国粮农组织首席顾问的职责。当时，印度已在效仿中国努力发展杂交水稻，建立了杂交水稻项目网的 10 个中心。袁隆平频繁考察这些中心及其试验基地和田间材料，针对印度科学家在研究中遇到的问题，与他们进行座谈、交流，对印度杂

1992 年 11 月，袁隆平在印度泰米尔邦农业大学水稻育种站进行田间指导

1992 年，袁隆平（右一）在印度最早的水稻研究站考察

1993 年，袁隆平在印度指导杂交水稻技术

袁隆平（右一）在印度与该国杂交水稻技术负责人一起制订工作计划

1996 年，袁隆平在印度出席第 3 届国际杂交水稻学术研讨会期间，参观海得拉巴的杂交水稻种子仓库

1993 年，袁隆平为印度杂交水稻研究室剪彩

2013 年，印度科学家
拜访袁隆平

交水稻育种、栽培和制种的方方面面提出了建议。联合国粮
农组织进一步确立了印度的发展与利用杂交水稻技术项目。
围绕该项目的实施，袁隆平他们经过考察和论证，为印度培
育比对照品种增产 15%—30% 的杂交组合、开展两系法杂种
优势利用研究、开发有效的杂交水稻制种技术等献计献策，
对印度实现杂交水稻大面积商业化发展献出了一份力量。在
此期间，印度进展很快，选育了适合当地种植的杂交水稻组
合 35 个，好的组合可以比对照品种每公顷增产 1.2—1.4 吨。
如今，印度大面积应用杂交水稻已展现出美好前景。

1997 年，袁隆平在缅
甸指导杂交水稻技术

1997年，袁隆平在缅甸指导杂交水稻技术期间，考察大米市场，了解稻米品质情况

袁隆平在缅甸的简易网室里，察看杂交水稻不育系生长情况

1998年，袁隆平在田头手把手指导缅甸学员

1998 年，袁隆平完成在缅甸的指导任务后，《科技日报》给予报道时配发的照片

3.杂交水稻技术国际培训

开展杂交水稻技术国际培训，是将杂交水稻技术推向世界的重要标志之一。1980 年 9 月，由中国农业科学院和国际水稻研究所共同举办的国际杂交水稻育种培训班，在位于

中国农业科学院和国际水稻研究所共同举办的首届国际杂交水稻育种培训班，于 1980 年 9 月在湖南省农业科学院开班。图为袁隆平在授课。

1980 年，袁隆平给首
届国际杂交水稻育种培训
班学员讲课

首届国际杂交水稻育种
培训班于 1980 年在湖南省
农业科学院举办，学员来自
亚洲主要水稻生产国家

1980 年，在湖南长沙
参加首届国际杂交水稻育
种培训班的学员们到岳麓
山参观麓山寺

长沙的湖南省农业科学院开班。这是中国举办杂交水稻技术
国际培训班的开端。袁隆平团队给来自印度、泰国、孟加拉
国、斯里兰卡、菲律宾、印度尼西亚等国家的专家，讲授杂
交水稻技术的主要课程。1981 年 9 月，再次举办国际杂交
水稻育种培训班。此后，先后受联合国粮农组织、国际水稻
研究所、中国农业部、中国商务部等机构和部门委托，在湖
南杂交水稻研究中心开展杂交水稻技术国际培训，使之越来
越成为推进杂交水稻走向世界的重要环节。

在湖南杂交水稻研究中心接受培训的许多国家的学员，
一批又一批成为杂交水稻技术专家。特别是自 1999 年起，
中国商务部本着支持"发展杂交水稻，造福世界人民"的意
愿，将开办国际杂交水稻技术培训班（Technique Cooperari-

1994 年，袁隆平等人
与国际杂交水稻育种培训
班结业的印度学员合影

2007 年，袁隆平与国际杂交水稻技术培训班学员交流

2007 年，袁隆平与国际杂交水稻技术培训班学员一起唱班歌

2009 年，袁隆平为国际杂交水稻技术培训班学员作讲解

2010 年，袁隆平在国际杂交水稻技术培训班上解答外国学员提问

on among Developing Country，TCDC）作为援外项目，为开
展技术援外工作搭建了良好的平台。通过这个途径，先后举
办了400多期国际杂交水稻技术培训班，为亚、非、拉约80
个发展中国家培训了1.4万多名技术人员。这些专家回国后，
均成为杂交水稻技术骨干，而且大多或被提升，或任政府要
职。通过他们，中国的杂交水稻技术被带到他们各自国家的
土地上生根开花；他们也经常写信回来，感谢中国为他们传
授杂交水稻技术，还表示想再来看看他们的第二个家——中
国！这些外国学员们还专门写了一首培训班班歌："只要我
们携手努力……"袁隆平为了满足技术普及与培训之需编写
的《杂交水稻简明教程》，由湖南科学技术出版社在1985年
出版，为国内外渴望了解、学习杂交水稻技术的人士提供了
方便。随着国际培训的日益拓展，袁隆平主纂的《杂交水稻

袁隆平给国际杂交水
稻技术培训班学员上课

生产技术》于 1995 年由联合国粮农组织出版，在 40 多个国家发行，成为指导国际杂交水稻研究和生产用书；后来根据需要，又于 2001 年由联合国粮农组织译成西班牙文再次出版，发行到范围更广的国家。

在中国参加过培训的非洲学员表示："我们在这里参加

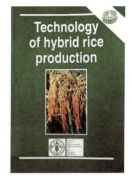

袁隆平主纂的《杂交水稻生产技术》于 1995 年由联合国粮农组织出版

袁隆平给国际杂交水稻技术培训班学员颁发结业证

袁隆平给国际杂交水稻技术培训班学员颁发结业证

2014 年，湖南杂交水稻研究中心获得联合国粮农组织杂交水稻研究培训参考中心授牌

杂交水稻技术培训期间，天天吃大米，非常快乐。在我们的国家，大家最喜欢吃的就是大米，但平均每个星期只能吃两次。我们希望通过杂交水稻的推广，让老百姓每天都能吃上大米。"

非洲学员们还说："我们来自非洲不同的国家，但都怀着同样的一个梦想，那就是把袁隆平教授发明的杂交水稻——神奇的'东方魔稻'带回我们的国家，造福我们的人民。"

袁隆平出席2014年发展中国家粮食安全部级研讨班

4.发生在"国际水稻年"的故事

2004年是"国际水稻年"，杂交水稻受关注的程度也大大增强。这一年的大事记，记录了袁隆平忙碌的身影。

2004年2月，袁隆平赴意大利罗马参加庆祝"2004国际水稻年"仪式，以及水稻全球市场与可持续发展体系国际会议，并在会上作题为《杂交水稻对粮食安全及营养的作用》的报告；5月，赴以色列接受沃尔夫农业奖；8月，访问马来西亚并商讨有关杂交水稻合作事宜；同月，赴泰国，参加国际会议，并接受泰国政府授予的"金镰刀"奖；10月，赴美国接受世界粮食奖，并参加世界粮食奖基金会以"从亚洲到非洲：水稻——生物增强营养"为主题的国际学术研讨会，作题为《杂交水稻为世界粮食安全作出贡献》的发言；11月，赴菲律宾参加国际水稻论坛，并作关于超级杂交水稻进展的报告。

换成另外一种记录方式为：2004年5月，袁隆平荣获以色列沃尔夫农业奖；8月，获泰国"金镰刀"奖；9月，获菲律宾总统阿罗约亲自签署的嘉奖状；10月，获美国世界粮食奖。

再更换一种记录方式为：在这个特别的年份，袁隆平先后受到以色列、马来西亚、泰国、列支敦士登、菲律宾等5国的国家元首接见。

列支敦士登是地处欧洲的一个小国，但这个国家很富裕，它的国王是世界上有名的富翁。正是这个国家的国王，

2004年8月，袁隆平应邀出访马来西亚，向马来西亚最高元首端古·赛义德·西拉杰丁（前排右）赠送中国超级杂交水稻"瀑布水稻"的大幅照片

2004年9月，菲律宾总统阿罗约访问中国时，特别签署给袁隆平的嘉奖状，并在北京为袁隆平举行嘉奖状颁发仪式

对农业技术十分有兴趣。他投资的美国水稻技术公司，在1994年与湖南杂交水稻研究中心建立了合作关系。当时的王子汉斯·亚当，于1998年以私人身份专程来中国访问。他在湖南见到袁隆平时说："我做梦都想见到您!"2004年，袁隆平在美国领受世界粮食奖时，他又专程飞到美国表示祝

2004年，袁隆平与美国合作方——美国水稻技术公司高管交流杂交水稻技术，右二为汉斯·亚当

2012年，袁隆平与列支敦士登国王汉斯·亚当二世和王子康斯坦丁合影

贺，并表明要加强合作。这位对袁隆平怀有深厚感情的王子，后来成为列支敦士登国王。2007年，对杂交水稻情有独钟的汉斯·亚当二世再次访问中国，携美国水稻技术公司董事长与袁隆平团队商谈。他们看好更广阔的国际市场，对进一步开展杂交水稻的合作开发充满了信心。汉斯·亚当二世的儿子康斯坦丁王子，接管了美国水稻技术公司。2012年，汉斯·亚当二世携王子康斯坦丁来拜访袁隆平，表示该公司将发挥更大作用，把杂交水稻的种植面积推广到美国南方水稻总面积的三分之一以上。除此以外，美国水稻技术公司还在印度和南美地区发展业务，使杂交水稻面积逐年扩大。

5. 外国元首政要们青睐中国的杂交水稻

随着杂交水稻对世界影响的扩大，来湖南杂交水稻研究中心访问的各国专家学者、各界人士络绎不绝；甚至越来越多的外国元首、政要也专程来这里，寻求解决本国粮食问题的良策。莫桑比克总理、利比里亚总统、印度尼西亚前总统、老挝总理、南苏丹总统、尼日利亚总统、马达加斯加总统、塞拉利昂总统、几内亚比绍总统等国家元首，都曾亲自拜访过袁隆平。他们不仅赞赏中国杂交水稻的发展以及对世界作出的贡献，而且非常希望袁隆平帮助他们所在国家发展粮食生产。特别是 2009 年、2018 年，塞拉利昂两任总统先后访问湖南杂交水稻研究中心。他们都为着发展本国粮食生产的共同目标，来请教袁隆平。2018 年 8 月 31 日，几内亚比绍总统瓦斯拜访袁隆平时，被试验田里超级杂交稻强大的优势所震撼。他在北京与中国国家主席习近平会见时，迫不及待地提出邀请袁隆平团队到几内亚比绍指导发展杂交水稻

2002 年 10 月 12 日，莫桑比克总理帕斯库亚尔·曼努埃尔·莫昆比访问中国时，专程参观杂交水稻试验田，向袁隆平请教杂交水稻技术

2006 年 6 月 26 日，袁隆平接待印度尼西亚前总统梅加瓦蒂访问湖南杂交水稻研究中心

2006 年 10 月 31 日，袁隆平接待来访的利比里亚总统埃伦·约翰逊-瑟利夫

2007 年 8 月 24 日，袁隆平接待访问湖南杂交水稻研究中心的圣卢西亚前总理肯尼·安东尼（左五）

2009 年 5 月 27 日，袁隆平与来访的塞拉利昂总统欧内斯特·巴伊·科罗马亲切握手

2018 年 10 月 15 日，袁隆平接待访问湖南杂交水稻研究中心的塞拉利昂总统朱利叶斯·马达·比奥

技术的要求。

2016 年 3 月，为促进与柬埔寨、老挝、缅甸、泰国、越南这 5 个湄公河流域国家的合作与交流，中国外交部、国家发展改革委、商务部在澜沧江—湄公河合作首次领导人会议期间，共同举办了澜湄国家合作展，向湄公河流域国家宣传中国高端科技成果、推介国际合作项目。其中，杂交水稻

2009 年 10 月 19 日，袁隆平接待来访的肯尼亚副总理威克里夫·穆萨利亚·穆达瓦迪

2011 年 10 月 18 日，袁隆平接待来访的南苏丹共和国苏丹人民解放运动总书记帕甘·阿蒙

作为中国农业领域重大科技成果展出。3 月 23 日，与应邀
来华参加这次会议的柬埔寨、老挝、缅甸、泰国、越南五国
领导人举行会谈后，中国国务院总理李克强同五国领导人一
起来到会展中心杂交水稻展区，仔细察看超级杂交稻植株样
品和稻穗标本。湄公河流域五国领导人在观摩后，对袁隆平

2013 年 6 月 24 日，
袁隆平接待来访的苏里南
总统德西·鲍特瑟

2013 年 7 月 11 日，
袁隆平在北京会见来访
的尼日利亚总统古德勒
克·乔纳森

2013 年，挪威驻华大使司文访问湖南杂交水稻研究中心，袁隆平向司文赠送湘绣礼品

2013 年 9 月 29 日，袁隆平接待访问湖南杂交水稻研究中心的老挝人民革命党总书记、国家主席朱马里·赛雅颂及其夫人

研究的超级杂交稻感到十分惊奇，纷纷与袁隆平握手，并邀请他到自己的国家指导和推广杂交水稻。越南副总理范平明更是邀请袁隆平及其团队，在 2016 年上半年就赴越南帮助发展杂交水稻。李克强总理对中国杂交水稻走向全球表示了极大鼓励和支持，允许优先走向湄公河流域国家。

2019 年 6 月 27 日，在湖南省省会长沙市，湖南人民张开双臂，迎来了有史以来最高

2017 年 3 月 24 日，袁隆平在海南博鳌会见马达加斯加总统埃里·拉乔纳里马曼皮亚尼纳

级别的一次国家级盛会——第一届中非经贸博览会开幕式暨中非经贸合作论坛。53 个非洲国家以及联合国工业发展组织、世界粮食计划署、世界贸易组织、非洲联盟等国际组织参会。在博览会期间举行的中非农业合作发展研讨会上，袁

2019 年 6 月，袁隆平在中非农业合作发展研讨会上发表英文视频致辞

隆平通过视频发表了一段致辞，他提到："我很愿意帮助其他发展中国家发展杂交水稻，以解决这些国家的粮食短缺问题。"这引起了与会者的热议，以至袁隆平成为"网红"。乌干达总统穆塞韦尼称赞："中国的杂交水稻技术对世界水稻增产作出了重要贡献。"马达加斯加农牧渔业部部长吕西安由衷地赞叹："袁隆平的杂交水稻技术将让马达加斯加人民摆脱饥饿。"冈比亚农业部部长艾米说："我之前就知道袁隆平，他帮助我们提高了水稻产量。"南苏丹农业及粮食安全部部长欧提约表示："我们希望得到中国湖南的技术指导，引进种植杂交水稻。"

6. 打"杂交水稻外交牌"

杂交水稻技术在世界上被视为中国的"第五大发明"，并享有"东方魔稻"的美誉。据统计，到目前为止，杂交水稻已在全球40多个国家种植。近年来，全球年种植杂交水稻总面积达到近2000万公顷。中国以外国家开发杂交水稻的面积，由2002年的82万公顷，发展到2017年的700万公顷，平均每公顷比当地良种增产2吨左右。因此，杂交水稻未来的发展空间非常大。而且，发展杂交水稻对产稻国增产粮食，有立竿见影的效果。杂交水稻在中国推广应用取得的巨大成功，被许多国家视为保障粮食安全的法宝，正如时任国际水稻研究所所长罗伯特·齐格勒所说："我们需要提高水稻产量的技术，而杂交水稻正是我们最需要的技术之

一。"我国的杂交水稻将为世界的粮食安全以及世界和平作出重大贡献。

2001 年，袁隆平受国家主席江泽民推荐和派遣，于11月赴委内瑞拉推广杂交水稻。在该国期间，由查韦斯总统亲自安排，袁隆平在委内瑞拉计划发展部部长陪同下，考察了该国靠近赤道的 3 个州，认为那里适合栽种杂交水稻，于是向委内瑞拉赠送了杂交水稻种子，以作示范栽培，并为该国各州的农业专家、政府官员作了 3 场学术报告。委内瑞拉有关方面的负责人表示，计划派员前往中国学习杂交水稻技术，把推广杂交水稻作为两国政府间的合作项目。委内瑞拉要在国内大力推广杂交水稻，不仅解决本国人民的吃饭问题，还要向周边国家出口粮食。

"杂交水稻外交"正成为我国"走出去"战略的一项重要内容，曾得到时任国务委员唐家璇和有关部门的高度重

2001 年，袁隆平在委内瑞拉考察、指导

2008 年，袁隆平向到访的美国全国州议会议员代表团介绍杂交水稻技术

2009 年，袁隆平在试验田向参加中国杂交水稻技术对外合作部长级论坛的来宾介绍杂交水稻

2009 年，非洲驻华使节团访问湖南杂交水稻研究中心，袁隆平介绍中国杂交水稻发展情况

视；同时，也成为我国科学发展、和平发展、向全世界展示大国责任与和谐力量的一个重要标志。

　　杂交水稻走向世界，离不开对外经济援助和农业经贸合作工作的结合与支持，尤其是对亚、非、拉等发展中国家给予援助，同样离不开外交部、我国驻外使领馆和外国驻华使领馆的关心，从而引起外国政府更多的重视。袁隆平认为，宽松的环境和政策支持，将更有利于联合国内外有关机构和企业，开展针对境外杂交水稻技术研发的相关研究，并降低国外投资风险或加大对境外投资力度。这样，杂交水稻"走出去"的步伐将更快。

2010 年，袁隆平与联合国秘书长潘基文交谈

7."杂交水稻覆盖全球梦"

　　水稻作为主要农作物，在世界上 120 多个国家和地区广泛栽培种植，全球一半以上的人口以稻米为主食，全球水稻

平均亩产仅为 200 公斤左右。除中国外，目前全球每年的水稻种植面积有 1.1 亿公顷。

中国发明的杂交水稻，目前已在 40 多个国家试种示范，越南、印度、菲律宾、印度尼西亚、孟加拉国、美国、巴西等国，已在大面积生产上应用，均取得了显著的增产效果。

美国作为世界上发展杂交水稻较早的国家，在第一次引进中国的杂交水稻试种之后，增产效应明显，中国的杂交水稻被美国人惊呼为"东方魔稻"。从那时起到现在，杂交水稻在美国的种植面积和产量都在不断增加。2017 年，美国的杂交水稻种植面积已达到 44 万公顷，平均单产超过每公顷 9 吨，比当地良种增产 25% 左右。近年来，美国利用亚种间杂交稻，发展形势更加向好，开拓前景广阔，对杂交水稻的未来充满了信心。

越南近年杂交水稻的种植面积接近 60 万公顷，平均单

2002 年，袁隆平在越南指导杂交水稻种植

产为每公顷 6.3 吨，全国水稻的平均产量（含杂交稻）为每公顷 4.5 吨，杂交稻比常规品种增产 40% 以上。由于大面积、大幅度增产，越南一跃成为仅次于泰国的世界第二大米出口国。

印度近年的杂交稻种植面积达 250 万公顷，杂交稻比常规品种增产 15%—20%。印度在发展杂交水稻过程中，走出了一条向中国学习杂交水稻技术和方法，包括引进雄性不育细胞质资源、自主培育杂交水稻品种之路。

2012 年，袁隆平在印度考察杂交水稻

杂交稻在其他国家，比如印度尼西亚、孟加拉国、巴基斯坦、厄瓜多尔、几内亚等国，进行试种示范都获得很大成功。例如，2002 年，在印度尼西亚苏门答腊成片示范 450 亩中国的杂交稻，平均亩产 600 多公斤，而当地良种亩产仅 300 多公斤。几内亚当地的水稻亩产仅有 100 公斤左右，而百亩以上示范杂交稻的亩产为 400 多公斤。

菲律宾是个全民吃稻米的国家，它的国家领导人十分重视发展杂交水稻。埃斯特拉达自 1998 年就任菲律宾总统以后，一直强调把实现粮食自给自足作为自己追求政绩的目标。他指出，中国有 10 多亿人口，依旧有粮食可以输出；而拥有丰富天然资源和大片农地的菲律宾，却仍继续进口大米，一定要改变这种局面！他认为，既然中国、越南都通过杂交水稻技术使稻米产量增加，菲律宾人没有理由会挨饿，"菲律宾没有理由不能超越邻国的水稻生产能力"。因此，埃斯特拉达鼓励菲律宾农民使用杂交水稻种子，发展粮食生产。为了甩掉"粮食进口国"的帽子，阿罗约就任菲律宾总统后，继续支持发展杂交水稻。

2003 年，袁隆平访问菲律宾。当地农民已经在大面积种植杂交水稻了，他们因为获得丰收而非常喜悦。在收获现场，袁隆平问一个菲律宾农民："这个稻把子重不重？"农民答："重！"袁隆平又问："你高兴不高兴？"农民说："高兴！"

2003 年，袁隆平在菲律宾指导杂交水稻技术

225

2003 年，袁隆平与种植杂交水稻的菲律宾农民合影

2003 年，袁隆平在菲律宾 SL 公司田间指导杂交水稻育种

2003 年，袁隆平赴菲律宾指导杂交水稻技术，与菲律宾总统阿罗约第二次见面

2003 年 4 月 21 日，菲律宾报纸报道袁隆平来访并会见阿罗约总统

在英文中，"重的"与"高兴的"发音谐音，一个是 Heavy，另一个是 Happy。菲律宾农民就说："Very Heavy!""Very Happy!"

　　菲律宾总统阿罗约"五见袁隆平"的故事，也被传为佳话。2001 年，袁隆平获得菲律宾拉蒙·麦格赛赛奖时，由阿罗约总统颁奖。2003 年，阿罗约为了促进杂交水稻在菲律宾的发展，邀请袁隆平访菲。当时，正值非典肆虐，各国都加强了防范，阿罗约却执意邀请袁隆平来访。她说："我们的杂交水稻方案已成为确保菲律宾粮食安全的主要部分。假如样样就绪，可能在 2008 年，我们的大米就能自给自足，这是我们追求的目标。"2004 年 9 月，阿罗约应邀访问我国。她在北京颁发给袁隆平一份由她签署的嘉奖状，对袁隆平致力于促进菲律宾杂交水稻发展给予表彰。两个月之后，袁隆平又一次前往菲律宾，出席国际水稻论坛。阿罗约再次接见

2004 年 9 月，袁隆平第三次与菲律宾总统阿罗约见面

袁隆平，希望中国继续支持菲律宾发展杂交水稻的研究和生产。她知道，杂交水稻可以比当地稻种增产40%。通过发展杂交水稻，使菲律宾这个全民吃稻米的国家力争实现粮食自给，阿罗约对此抱有极大的希望。2007年1月，中国国务院总理温家宝出访菲律宾，专门点名要求袁隆平随团访问。袁隆平第五次见到阿罗约，继续讨论包括杂交水稻在内的农业技术合作问题。在阿罗约执政时期，她对此给予高度重视，把发展杂交水稻作为菲律宾政府的"旗舰项目"，曾计划到2010年推广杂交水稻1500万亩，年增产稻谷150万吨，达到粮食自给自足。

杂交水稻也越来越受到非洲国家的重视。2018年，几内亚比绍总统瓦斯在访华时提出，希望中国帮助非洲发展杂交水稻以后，袁隆平团队已计划在该国成立杂交水稻技术推广中心，帮助它实现本土化杂交水稻制种，逐步改变几内亚

2004年，袁隆平在马来西亚指导杂交水稻技术

2016 年，袁隆平在
柬埔寨指导杂交水稻技术

比绍的缺粮状态。

　　杂交水稻在非洲国家马达加斯加示范，每公顷比当地品
种增产 3 吨，最高产量达到每公顷 10 吨。为此，马达加斯

马达加斯加农民在种
植杂交水稻

马达加斯加新版纸币
上，印有杂交水稻的图样

加农民非常感谢袁隆平，并表示，他们十分乐意种植杂交水
稻。目前，马达加斯加的杂交水稻种植面积已经超过3万公
顷。马达加斯加政府希望利用杂交水稻技术解决该国面临的
粮食短缺问题，促进农业经济发展，改善民生福祉。马达加
斯加还专门把杂交水稻印刷在新版纸币上。

　　杂交水稻也在非洲的几内亚、利比里亚、尼日利亚、科
特迪瓦等国家试种示范，增产效果更是惊人，比当地品种高

袁隆平的"杂交水稻
覆盖全球梦"

3—5 倍……

　　面对全球仍有 8.52 亿人处在经常挨饿的状态、每年有 5 万多孩子因为饥饿和营养不良而死亡的情况，杂交水稻为保障世界粮食安全并维护世界和平发挥积极作用还任重道远。目前，全世界的水稻种植面积是 22.5 亿亩，按照联合国粮农组织的统计，如果有 10%，即约 2 亿亩的零头种植了杂交水稻，增产的粮食就将占到全世界水稻总产量的 20%；如果杂交水稻占到世界水稻总面积 1.5 亿公顷的 50% 左右，全世界每年增产的粮食则可多养活 4 亿—5 亿人。这样，在世界上消除饥饿就大有希望了。这正是袁隆平的最大心愿与追求——实现他的"杂交水稻覆盖全球梦"。杂交水稻在全世界还将得到更大的发展。

十一、不忘初心　心系"三农"

　　曾经有人说过，饥饿是一个游荡在全世界的恐怖幽灵。这个幽灵也曾长期笼罩我们这个古老的国度。20 世纪 50 年代初，美国国务卿迪安·艾奇逊曾扬言："中国共产党能夺得战争的胜利，却无法解决中国人的吃饭问题。"1994 年，还是一个美国人——莱斯特·布朗，他在分析了中国人口增加、耕地减少、土壤恶化等客观因素后，发出这样的疑问："未来谁来养活中国？"当杂交水稻研究成果震惊了全世界之后，又是一个美国人，也就是曾经当过 4 届美国总统农业顾问的知名教授唐·帕尔伯格，发出这样的赞叹："袁隆平在农业科学领域的成就击败了饥饿的威胁，他正引导我们走向一个丰衣足食的世界。"

1."种三产四"丰产工程与"三一"粮食高产工程

　　粮食安全始终是关系国计民生的头等大事。为确保我国未来的粮食安全，推广超级稻被写进 2005 年的"中央一号文件"，此后，还被写入《政府工作报告》，使人们看到党中央、国务院重视发展粮食生产的决心，强调要千方百计争取农业取得好收成，努力增加农民收入，推进社会主义新农村

谁知盘中餐，粒粒皆辛苦

建设。党中央、国务院把大力发展粮食生产、保障农产品供给、切实稳定粮食种植面积、提高单产水平，摆在"三农"工作的首位。袁隆平深感责任重大。

打仗需要战略思想，搞科研同样需要战略思维。20世纪80年代中期，袁隆平提出杂交水稻的发展分三个阶段的战略设想，经实践证明，至今依然是正确的。袁隆平作为杂交水稻领域深思熟虑的战略家，不但凭借其战略头脑，领导杂交水稻研究工作一步一步向前走，使中国水稻育种一直保持着世界领先水平；而且，在超级杂交稻的成果应用上，他以思想敏锐、上下通达的能力，有机地将国家需求与杂交水稻发展的实际结合起来，通过战略规划部署实施，使拥有自主知识产权的超级杂交稻成果真正造福于人民。

袁隆平算得最多的账，要数"多少粮食养活多少人口的账"了。中国的粮食安全线是4.7亿吨，全国有4.5亿亩的水稻种植面积。大面积推广的超级稻的亩产量，比现在的高产杂交稻提高 50 至 100 公斤。如果每年推广种植超级稻 1 亿亩，以每亩增产 150 公斤计算，一年就可以增产 150 亿公斤哪！这相当于中国一个中等省份全年的粮食产量，可以多供养 4000 万人口。

正是在这种背景下，针对我国人增地减的严峻形势和超级杂交稻取得的重大进展，袁隆平于 2006 年年底提出了实施"种三产四"丰产工程的建议，就是充分应用超级杂交稻的技术成果，力争用三亩地，产出种植现有杂交水稻品种四亩地的粮食总产。袁隆平以"种三产四"的理念，建议国家立项，加大推广和实施力度，通过政府、科研机构、企业"三管齐下"，用 5 年时间推广 6000 万亩，产出 8000 万亩的粮食，节余 1/4 就等于增加了 2000 万亩耕地，可多产 100 亿公斤粮食。这就是通过科技进步来提高单位面积产量，实现种三亩超级杂交稻，产出现有四亩地的粮食，既保证粮食安全，又为农民致富创造条件。

2006 年，袁隆平提出实施"种三产四"丰产工程的建议，推动超级杂交稻研究成果转化为现实生产力

从近十几年推广超级杂交稻的情况看，"种三产四"在技术上已经成熟。对于落实"种三产四"丰产工程项目的具体实施措施，袁隆平主张，把最好的品种和栽培技术整合起来提高单产。要提高粮食单产，只能依靠科技，其中，"良种＋良法＋良田＋良态"的配套应用十分重要。袁隆平强调，要重视良种、良法、良田和良态的

配套。这当中，良种是高产的核心。我国现已培育出数十个超级稻品种，条件具备。良田是高产的基础。我国至少有一半以上的耕地是中低产田，国家投入了巨额资金，正在进行农田水利基本建设，并改造中低产田，从而，能为农作物高产、稳产奠定更好的基础。2007年，"种三产四"丰产工程

袁隆平在示范基地考察"种三产四"丰产工程实施情况

袁隆平与基层农业技术人员亲切握手

2008 年 10 月 16 日，在十一届全国政协常务委员会第三次会议上，袁隆平建议大力实施超级杂交稻"种三产四"丰产工程，提高农民种粮的经济效益，确保国家粮食安全

受到湖南省委、省政府的高度重视与支持，率先在湖南省内 20 个县启动实施。经过 10 年努力，到 2016 年，在湖南全省 53 个县市总计实施 1337.5 万亩，总增产稻谷 16.5 亿公斤，并为湖南省探索了适宜 5 种不同生态区种植的模式，有利于在湖南全省范围推广，为湖南粮食总产量稳定地达到 300 亿公斤作出了贡献。随后，安徽、河南、广东、广西、云南、贵州等省区，也积极跟进实施"种三产四"丰产工程。如果在全国发展到 6000 万亩，出产原来 8000 万亩耕地的粮食，等于增加了 2000 万亩农田。

"种三产四"丰产工程于国于民，是一项系统的社会工程，涉及广大农户，受益面大，促使超级杂交稻的超高产潜力变成大面积的现实超高产，真正让农民实现了增产增收，带来的效益已远远超出增产粮食的预期效果。

另一项促进超级杂交稻成果应用的工程，是"三一"粮食高产工程。即通过应用超级杂交稻技术，三分田年产粮食360公斤，足够一个人全年的口粮。自2012年以来，"三一"粮食高产工程已在湖南、广西、广东多点试验示范，并初步取得成功，扩大示范的效果正日渐显露。2016年，分别在湖南的18个县市推行3种模式的试验示范，核心示范区总面积达7700亩，总实施推广面积98.4万亩。袁隆平建议，湖南通过实施"三一"粮食高产工程，从2020年起开始试种第三代杂交稻，双季稻模式在实现早稻亩产400公斤、晚稻亩产800公斤的目标基础上，双季亩产1200公斤，3年内推广到1250万亩，粮食产量能够达到150亿公斤；也就是说，可以使湖南在1/4的耕地上产出1/2的粮食，多养活4000万人口。这对于稳定湖南粮食总产、提高粮食生产能力，以及推进湖南粮食产业供给侧结构性改革、保障全省粮食产量和优质供给，具有重要意义。

袁隆平带领杂交稻研发团队，以超级杂交稻为着力点，在超级杂交稻超高产攻关、超级杂交稻"百千万"高产攻关示范、超级杂交稻"种三产四"丰产示范，以及超级杂交稻"三分田养活一个人"粮食高产示范（简称超级杂交稻"三一"工程），这四大粮食丰产科技项目实施方面，已经取得了良好的效果，为湖南粮食生产能力提升、富民强省以及保障国家粮食安全，提供了重要科技支撑。

在开辟向盐碱地要粮食的新征途中，袁隆平看中的是，我国十几亿亩不毛的盐碱地中，有1亿多亩包括滩涂在内的

2009年，袁隆平带领
科技干部在田间考察

盐碱地是有水源的，具有种植水稻的潜力。利用这类有水源的盐碱地，开展选育耐盐碱水稻研究，是除了提高粮食单位面积产量之外，增加粮食产量的另一项战略措施。开发盐碱地，扩大耕种面积，达到增加粮食产量的目的。目前，袁隆平团队已筛选了一批有苗头的种质资源材料。可喜的是，已经育成的超级杂交稻和第三代杂交稻中，有的品种具有一定的耐盐碱能力。2020年，江苏省南通市如东县在沿海滩涂试种超级杂交稻品种"超优千号"75亩，在雨水丰沛的情况下，创造了亩产802.9公斤的纪录。

2.给"三农"问题带来福音

党中央和国务院高度重视"三农"问题，袁隆平也把对

"三农"问题的关注时时挂在心上。袁隆平回忆起一次去测产验收超级稻的经历，当时有个农民跑来说："你让稻谷增产，可稻谷多了，价格就下来了，我们还是不赚钱。"袁隆平深深地感到谷贱伤农！这使身为全国政协第六、第七、第八、第九、第十、第十一、第十二届常委的袁隆平，产生了巨大的心灵震动。他在全国政协会议上提交了题为《关于粮价的建议》的提案，建议政府对粮农采取直接补贴方式，即国家除按市场价或最低保护价收购农民的粮食外，再额外给农民一定的补贴。袁隆平认为，国家可以用较高的价格收购粮食，再以平价向市场供应粮食。这样做，一方面可以稳定粮价，避免因粮价上升带动其他物价上涨；另一方面，粮农可以得到较多的实惠，从而更有效地调动他们的种粮积极性。

2007 年，对粮食安全保持高度清醒的袁隆平，在参加全国政协十届五次会议期间，提出为农民提高粮价的提案，以鼓励农民的种粮积极性

袁隆平十分关心贫困农民的疾苦，始终是中央关于"精准扶贫"的指示精神的忠实践行者。他曾说："我的期望是将农民从土地上彻底解脱出来，农民越少越好。农民多了，小康不起来。如果农民通过利用我们的先进技术，使粮食单产大幅度提高，就可以在确保粮食总产量的前提下，释放一部分农村劳动力。我希望我国发展现代农业，至少让 50% 的农民走出田头。"为了实现这个愿景，袁隆平把广大人民群众的利益，作为他在政协履职的出发点和

祝农民朋友
早日致富

袁隆平

二〇〇一·八.

2001 年 8 月，袁隆平
为《致富快报》题词

2020 年 9 月，中国工程院院士朱有勇在长沙拜会袁隆
平。袁隆平表示，积极支持中国工程院在云南少数民族地区
澜沧县的脱贫工作，并愿意捐赠超级杂交稻最新品种的种子
1 万斤，支援澜沧县的脱贫与乡村振兴事业

落脚点。为了帮助湘西贫苦地区脱贫，袁隆平特地在龙山、永顺、凤凰等县设立扶贫点，长期以来，每年都安排若干个百亩片和千亩片超级杂交稻示范点，并取得了极其显著的增产效果。湘西的龙山县曾经在百亩示范片上，率先达到农业部立项的中国超级杂交稻第二期产量指标，对湖南全省乃至全国都产生了较大的影响。当地政府认为，超级杂交稻为湘西地区调整农业、种植业结构，进而脱贫致富，提供了一条可行的路子。

时代的进步，使中国这艘巨轮驶入实现"两个一百年"奋斗目标的第一个百年奋斗目标——决胜脱贫攻坚，确保实现全面建成小康社会的关口。身为中国工程院院士的袁隆平，时刻想着的是贫困区域的粮食生产和脱贫致富。他积极付诸行动，与时代楷模、中国工程院院士朱有勇共同实施科技助力乡村振兴。2020 年 10 月，云南偏远的"直过民族"贫困地区澜沧拉祜族自治县接受了袁隆平捐赠的 1 万斤超级杂交稻最新品种的种子，鼓舞起边疆贫困农民致富奔小康的底气和信心。如今，袁隆平捐赠的超级杂交稻已经在澜沧县 9 个乡镇铺开了示范片。边疆贫困的少数民族民众坚信，粮食丰收的期望将会一步步升腾为现实。

2020 年，袁隆平向"直过民族"贫困地区云南省澜沧拉祜族自治县，捐赠超级杂交稻的种子

3. 关注国家和全球的粮食安全问题

作为农业大国和人口大国，中国的粮食问题向来受到世界关注。1994 年，美国的世界观察研究所所长莱斯特·布朗，在他的《谁来养活中国？》一书中，先假设中国在 1990 至 2030 年期间，会实现持续快速的工业化，并大量侵占农田，水资源短缺问题也将日益严重，加上每年新增的人口，人多地少的矛盾更为突出，粮食将无法自给。布朗在这本书中预测：到 2030 年，中国人口将达到 16.3 亿左右，按人均每日 8 两饭计算，需要粮食 6.51 亿吨；与此同时，中国的耕地面

积还在以每年数百万亩的速度减少。届时，中国的粮食生产将下降到 2.73 亿吨，需要净进口粮食 3.78 亿吨，从而引发全球性的粮食短缺和粮价暴涨。因此，布朗得出结论，饥饿的中国将不仅带给本国众多的社会问题，还将影响世界。布朗所作比较近的预测是，到 21 世纪初，中国可能从国外大量进口粮食，引起世界粮价上涨和粮食短缺，将造成全球粮食恐慌。他的结论是：没有哪个国家能够养活中国人。因而，布朗这本书的名字本身，就含着一个大问号：未来谁来养活中国人？

布朗，这位美国经济学家，他写《谁来养活中国?》这本书的论据是非常充实的。他对中国的情况了如指掌，比如人口每年增长多少、土地每年减少多少、水资源状况如何等等。布朗以一种警世呼唤的精神，提出了一个现实问题，希望能起到警示作用。他呼吁各个国家的领导人，不要拿财政经费来备战、制造武器，而是要重视粮食生产、发展农业。

但布朗的最大弱点是，忽视了科技进步对于提高农作物生产力的巨大潜力。而农业科技进步，恰恰是支持粮食增产的第一生产力。袁隆平认为，通过科学技术的进步和运用，水稻产量可以跳跃式地不断登上新台阶。近 20 年来，超级稻第一期、第二期、第三期、第四期的目标已经连续实现。目前，超级杂交稻在一些一季稻示范区已达到大面积平均每公顷产出稻谷 16—17 吨，正在向每公顷产出稻谷 18 吨的目标攻关。袁隆平认为，高产更高产，是永恒的追求。水稻如

袁隆平始终心系粮安天下

此，其他粮食作物同样具有美好的发展前景。提高农作物产量，在技术上的潜力很大，而每一项技术进步，都能对增产粮食和保障粮食安全发挥重要作用。21世纪早已来到我们面前，布朗的预言并没有成为现实。中国人不仅能够吃得

农民们向袁隆平表达感激之情

245

农民们向袁隆平送匾：今日神农

农民们给袁隆平送来土特产

农民们给袁隆平送来土特产

饱，而且能够吃得越来越好。中国已经改变了"粮食缺口大国"的形象，不仅没有成为世界的威胁，而且为世界粮食安全作出了越来越多的贡献。面对布朗的提问，袁隆平代表中国人郑重地回答："中国人不仅能依靠自己解决吃饭问题，而且还可以帮助其他发展中国家解决粮食短缺问题。"

然而，袁隆平始终认为，对粮食问题不能盲目乐观，不能掉以轻心。粮食始终是战略物资，要适当地有所储备。2004年，粮价稍涨，社会上立时引起一阵骚动。那年3月，在全国两会上，身为全国政协常委的袁隆平，作了题为《高度重视我国粮食安全问题》的大会发言，提出四点建议：一是坚持以自力更生为主的粮食安全战略，二是充分发挥科技对粮食安全的保障作用，三是切实保证一定规模的粮食播种面积，四是切实保护和提高农民的种粮积极性。

2004 年，袁隆平在全国政协十届二次会议上作《高度重视我国粮食安全问题》的发言

从 2006 年 1 月 1 日开始，联合国停止了对华粮食援助，标志着中国 26 年的粮食受捐赠历史画上了句号，并且成为世界上重要的粮食援助捐赠国。中国以占世界不到一成的耕地，养活了占世界两成多的人口，可以说，是世界的一大奇迹！但中国这个拥有 14 亿多人口的泱泱大国，绝不会出现真正意义上的粮食过剩。粮食问题始终是戴在我国人民头上的一道"金箍"，并且只能依靠我们自己来解决。在这个问题上，袁隆平始终是抱有忧患意识的科学家，保持着清醒的头脑：坚信依靠科技进步，提高粮食产量，是必然选择！

袁隆平的题词

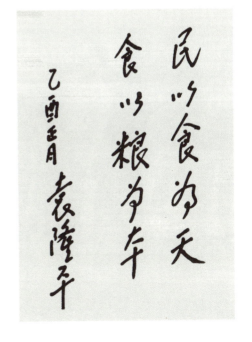

民以食为天
食以粮为本
乙酉青月 袁隆平

在中国当前工业化、城镇化和现代化加快发展的时期，保护耕地与发展用地的矛盾十分尖锐。中国的科学家必须研究出办法，要靠自己，正如习近平总书记所说："中国人的饭碗任何时候都要牢牢端在自己手上。"袁隆平的办法是，除了政策因素以外，一是让农民在因为城镇化而日益减少的耕地上，用更少的土地种出让更多人吃的粮食。这就要依靠科学技术的力量，藏粮于技。二是开展耐盐碱水稻育种，以及开发利用盐碱地的工作。这是一条扩大耕地面积、增加粮食产量的有利途径。

2020 年，新冠肺炎疫情肆虐全球，凸显了粮食安全保障成为一个国家非常重要的问题。种业是农业的"芯片"，

2017 年，袁隆平在湖南省湘潭市河口镇的试验田，与鉴定专家们一起察看低镉水稻生长情况

2017 年，袁隆平察看
低镉水稻改良系指标情况

更是确保"中国人的饭碗主要装中国粮"的基石。2020 年
召开的中央经济工作会议提出，"要开展种源'卡脖子'技
术攻关"。袁隆平认为，要确保中国碗主要装中国粮，中国
粮主要用中国种。因此，杂交水稻作为我国拥有自主知识产
权的关键种业，袁隆平强调，应该力求更进一步，创新研究
新品种、新技术。

正是因为袁隆平对国家粮食安全和食品安全的高度责
任意识，他的科研团队已经取得第三代杂交水稻技术研发的
成功，并在耐盐碱杂交水稻和低镉含量水稻育种方面，接连
取得新的进展。继续加强以提高单位面积产量作为杂交水稻
育种的第一目标，以及加强杂交水稻新技术攻关，不断把产
量提高到更高水平，正在并将继续为保障粮食安全发挥重要
作用。

科技进步永无止境。从理论上，也就是从水稻的光能利用率上看，水稻尚有巨大的产量潜力。袁隆平动情地说："只要我还能够，我就还要向超级杂交稻每公顷生产 18 吨以及更高的目标努力奋斗，直到实现我的'禾下乘凉梦'！"

十二、国之重器　功勋之尊

　　袁隆平经常感慨地谈到全国科学大会的召开。那是在
1978 年 3 月，"文化大革命"结束不久，全国科学大会的召
开带来了科学的春天。袁隆平回忆说："能参加这次盛会，
亲耳聆听（邓）小平同志的讲话，我十分有幸。小平同志重
申了马克思主义的一个基本观点：知识分子是脑力劳动者，
是工人阶级的一部分。小平同志摘掉了扣在知识分子头上的
'金箍'，'臭老九'成了'老大哥'！我与全国广大知识分子
一样，听后心情感到特别舒畅和激动，真是如释重负、备受

1978 年，袁隆平出席
全国科学大会

鼓舞。我们纵情欢呼科学的春天到来了，欢呼知识分子的春天也到来了。"

在全国科学大会上，邓小平重申了"科学技术是生产力"的科学论断。杂交水稻的育成及应用，也印证了邓小平这一论断。我国自 1964 年开始进行水稻杂种优势利用研究，1974 年培育出具有强优势的杂交水稻，1976 年推广应用。这一科技成果不仅否定了"自花授粉作物没有杂种优势"的传统观点，丰富了遗传育种的理论和技术，而且大幅度提高了水稻的产量，为水稻增产开辟了一条有效的新途径。杂交水稻一般比常规水稻高产 20% 左右。至 2018 年，全国累计种植杂交水稻 6 亿公顷，累计增产稻谷 8 亿多吨，产生了巨大的经济效益和社会效益，对我国实现粮食自给发挥了重大作用。这一事实雄辩地说明：科学技术是第一生产力，科技进步是推动经济和社会发展的强大动力。

回顾走过的路，袁隆平深深感到，杂交水稻研究的成功，每一步都离不开党的关怀、鼓励与鞭策。"文化大革命"时期，当各个领域的工作都受到不同程度冲击时，国家科委专门为杂交水稻研究下发文件，要求湖南省科委和安江农校支持袁隆平的杂交水稻研究项目。1967 年，湖南省科委为水稻雄性不育研究立项，并拨出科研专款。20 世纪 70 年代初，建立全国性的杂交水稻研究协作机制。即使在袁隆平的研究遭遇重大挫折的时候，党和政府都没有终止对杂交水稻研究的支持。

成立于 1984 年的湖南杂交水稻研究中心，是世界上第一

个，也是至今唯一一个杂交水稻的专门科研机构，并在 1995
年组建了国家杂交水稻工程技术研究中心。30 多年来，它始
终沐浴在党和政府的高度关切与重点支持之下，已成长为享
誉国内外的杂交水稻权威研发机构，正向着国际性的杂交水
稻研发中心、资源中心、信息中心和培训中心迈进。袁隆平
毕生追求"发展杂交水稻，造福世界人民"的目标，使得湖
南杂交水稻研究中心在未来的发展中不断提升。

1986 年 10 月，在长沙举行的首届杂交水稻国际学术讨
论会上，袁隆平提出杂交水稻发展的战略设想，就是从三系
法品种间杂种优势利用，向两系法亚种间杂种优势利用发
展，再由两系法向一系法利用远缘杂种优势进军。这个大胆
的科学构想成为杂交水稻发展的指导思想，被世界农业科技
界誉为"袁隆平思路"。当时的国家科委、农业部对袁隆平
的这个战略设想十分重视，两系法杂交水稻研究很快被列入
国家"863"计划生物技术类的一号工程，袁隆平担任责任

专家，主持全国协作。

1989 年 6 月 16 日，邓小平在同几位中央负责同志谈话时指出：农业问题也要研究，最终可能是科学解决问题。湖南的水稻原来增长 15%—20%，最近有个新发现，又可以增长 20%，证明潜力还是大的。科学是了不起的事情，要重视科学。他指的就是两系法杂交稻研究取得了重要进展。其后，习近平、江泽民、胡锦涛、李克强、李鹏、温家宝、贾庆林等党和国家领导人，先后亲临湖南杂交水稻研究中心暨国家杂交水稻工程技术研究中心以及科研试验基地视察指导，给予了高度关注和巨大支持。

1991 年 3 月 16 日，中共中央总书记、中央军委主席江泽民专程来到湖南杂交水稻研究中心，看望袁隆平等农业科技专家，并与他们座谈。江泽民在听完汇报后，高兴地说："我看了你们研究中心的杂交水稻，就看到了农业的希望。中国耕地少，单产增加 10%，就相当于增加了 10% 的耕地面积。科技兴农，潜力很大。"

2003 年 10 月 3 日，中共中央总书记、国家主席胡锦涛专程来到袁隆平主持的国家杂交水稻工程技术研究中心，详细察看超级杂交稻选育项目的进展情况，充分肯定了袁隆平团队作出的重大贡献。胡锦涛强调，粮食问题是关系经济安全和国计民生的重大战略问题，任何时候都不能有丝毫的松懈。要严格耕地保护制度，保护和加强农业尤其是粮食生产能力；依靠科学技术，挖掘粮食生产潜力；完善政策措施，充分调动粮食主产区和种粮农民的积极性，确保国家粮食安全。

时隔 15 年后的 2018 年 3 月 25 日，胡锦涛在国家杂交水稻工程技术研究中心位于海南三亚海棠湾的南繁基地，再次与袁隆平见面时，从怀中取出 15 年前他来到国家杂交水稻工程技术研究中心，与袁隆平一起在试验田仔细考察杂交水稻时拍摄的照片。时光仿佛凝固，胡锦涛仍然还是那样关注杂交水稻的创新研究，对袁隆平为粮食增产作出的重大贡献再次给予高度评价。

2018 年 4 月 12 日，中共中央总书记、国家主席、中央军委主席习近平在海南建省 30 周年的特殊时刻，来到位于三亚海棠湾的国家杂交水稻工程技术研究中心海南南繁科研试验基地，考察南繁科研育种情况。他同袁隆平等农业科技专家一道，沿着田埂走进"超优千号"超级杂交稻展示田，与袁隆平一起察看超级杂交稻的长势，参观"超优千号"超级杂交稻展示田，了解水稻产量、超级稻米质、耐盐碱水稻选育和杂交稻向海外推广等情况。习近平十分关注南繁事业，鼓励引领农业科研事业发展，让种水稻的农民收益更高，并再次强调："十几亿人口要吃饭，这是我国最大的国情。良种在促进粮食增产方面具有十分关键的作用。要下决心把我国种业搞上去，抓紧培育具有自主知识产权的优良品种，从源头上保障国家粮食安全。"

早在 2013 年 4 月 28 日，习近平出席全国劳模代表座谈会时，袁隆平就谈到要实现两个梦——"禾下乘凉梦"和"杂交水稻覆盖全球梦"。习近平对袁隆平取得超级杂交稻攻关的新进展表示十分赞赏，并高度评价他为中国和世界粮食安全作出了重要贡献，鼓励他追求梦想，助力实现中华民族伟大复兴的中国梦。

人所共知，粮食问题是非常敏感的话题，因为粮食安全关乎国计民生。自20世纪90年代以来，连续4任国务院总理，都极其重视杂交水稻的发展。每一任总理对袁隆平的支持，都有着十分动人的故事。

第一个故事发生在1994年12月16日，中共中央政治局常委、国务院总理李鹏视察湖南杂交水稻研究中心。当袁隆平汇报了组建国家杂交水稻工程技术研究中心的建议后，李鹏非常支持，在报告上批示同意，并当即特批1000万元。随后，他还拿起报告扬了扬，对在场的国家计委、国家科委和湖南省的负责同志说："你们看，我已经批了啊，看你们支持不支持？"陪同前来的国家开发银行行长姚振炎，表示贷款500万元。国家杂交水稻工程技术研究中心得以组建，科研楼、分子育种实验楼、培训楼、科技馆、人工气候室、玻璃温室等等，都陆续修建起来，形成了更好的工作环境。

第二个故事发生在1998年夏，国务院安排一批优秀专家和教师去北戴河休假，其中有袁隆平。8月13日，在从北京前往北戴河的火车上，袁隆平与国务院副秘书长徐荣凯和秘书三局局长袁隐坐在一起聊天。袁隐与袁隆平攀起本家，徐荣凯就对袁隐说："你远亲不如我近邻。我是重庆人，家住在南岸，与袁先生当年在下浩的家只距离1公里。"三人越聊越亲近。袁隆平提出，将关于超级杂交稻研究的报告通过徐荣凯，呈送中共中央政治局常委、国务院总理朱镕基。没想

1998 年 8 月 13 日，
袁隆平在赴北戴河的列车上

到，这份报告受到朱镕基的高度重视。第二天即 8 月 14 日，他就作了重要批示："请（李）岚清、（温）家宝同志批转陈耀邦、朱丽兰同志，良种培育和基因转换的研究都很重要。同意按需要增拨经费，请农业部会同财政部落实。" 8 月 19 日，朱镕基在袁隆平所呈同一份报告上再次作出批示："请（王）忠禹同志告袁隆平同志，国务院全力支持这个研究。"日理万机的朱镕基连续在同一份报告上作两次批示，可见他对超级杂交稻研究的重视非同一般。不久，国务院下拨了 1000 万元专项资金，支持袁隆平研究超级杂交稻。

第三个故事发生在 2005 年 8 月 13 日，中共中央政治局常委、国务院总理温家宝来国家杂交水稻工程技术研究中心视察。一下车，温家宝就走上前来，与袁隆平紧紧握手，并说："袁老师，您到我的办公室来看过我。今天，我到您的稻田看您来了！袁老师研究的超级稻，不仅有重大的科学价值，而且对解决中国人能够养活自己的问题，作出了重大的贡献。现在看来，超级稻的科学价值，已经超出国门了，影响到世界。东南亚几个国家的领导人，与我见面的时候，都谈到农业合作问题，而且指名要中国帮助他们发展超级稻……袁老师作的贡献是对中国人民的贡献，而且跨出了国门，是对世界人民的贡献。"温家宝得知那天正好是袁隆平的生日，就提出与袁隆平单独合影留念。他们紧紧握手，拍了合影。视察结束后，温家宝第三次握住袁隆平的手，坚持要他先上车，然后自己才上车。温家宝真是平易近人，而且非常富有人情味儿。当天晚上，他特地派专人送来生日蛋糕，为袁隆平祝寿。随后，温家宝为杂交水稻创新工程特批了 2000 万元予以支持。

第四个故事，是中共中央政治局常委、国务院总理李克强对杂交水稻事业的支持。2014 年 1 月 17 日，袁隆平受邀赴京，出席李克强主持召开的听取对《政府工作报告（征求意见稿）》意见和建议座谈会。袁隆平站在促进杂交水稻事业以及"三农"发展的角度，提出了提高粮食收购价及改进粮食补贴办法的建议。散会后，李克强特地握着袁隆平的手说："您提出的各项促进杂交水稻研发的要求，我都积极支持，为您开通'直通车'。超级杂交稻不仅要搞百亩片攻关，还要搞千亩片、万亩片。"袁隆平一路上仔细琢磨李克强的指示精神，深刻领会到，超级杂交稻的科研成果不能束之高阁，不仅要加大攻关力度，而且要在更大范围实施示范工作，让更多农民看到示范的效果。他回到长沙，马上就着手落实"百千万工程"，迅疾开始在全国布设百亩示范片、千

袁隆平母校西南大学为杰出校友袁隆平所塑雕像

亩示范片，乃至万亩示范片。

袁隆平一如既往地没有把历任总理拨给的数千万元经费作为自己的研究专款，而是组织起全国东、西、南、北、中的协作单位共同研究、共同分享。

经过 3 年努力，到 2016 年，在南方 16 个省区市建立了 100 多个示范片，包括百亩片 60 个、千亩片 33 个、万亩片 11 个，示范超级杂交稻新品种 7 个，通过良种、良法、良田、良态"四良"配套的技术策略，在百亩、千亩及万亩级 3 个不同种植规模的示范体系中取得显著成效，达到了很好的核心示范、带动推广效果。

更令袁隆平激动的是，2019 年 3 月 28 日，赴海南出席博鳌亚洲论坛年会的李克强，在百忙中会见了袁隆平。李克强非常重视袁隆平关于大力开展耐盐碱水稻研发工作的建议，对袁隆平说的每一个细节，从特种品种——耐盐碱水稻的选育进展，到试验示范的开展情况，都听得十分认真，逐一了解投入产出比，以及耐盐碱水稻的产量和品质，并连声说："您的这个想法很好，我支持！"李克强还强调，如果能够把盐碱地通过土地本身的改造与品种抗盐碱结合起来，则对保障国家粮食安全意义重大。"这是件好事！这是小投入、大收入！"他高度赞扬袁隆平虽年届 90 岁高龄，还不断地在思考水稻研究和粮食安全的大事。李克强动情地对袁隆平说："您不仅给中国、给人类解决温饱问题，作出了突出贡献，现在还在考虑国家的粮食安全，很有意义。目前关于世贸组织的谈判，农业还是一个关键性的问题。我们要把维护

关于请求设立国家海水稻研发中心的报告

尊敬的克强总理：

我国有十几亿亩基本上是不毛之地的盐碱地，其中 1 亿多亩包括滩涂在内的盐碱地是有水源的，具有种植水稻的潜力。

为利用这类有水源的盐碱地，我们开展了选育耐盐碱水稻（俗称"海水稻"）的研究，计划八年之内，种植发展"海水稻"达 1 亿亩，按亩产 300 公斤计算，可年产稻谷 300 亿公斤，相当于一个湖南省全年的粮食总产量，可多养活 8000 多万人口。因此，这是一项功在当代，利在千秋的伟大工程，为此特建议设立国家海水稻研发中心，以便集中人力、物力进行攻关。

敬希得到您的大力支持！

国家杂交水稻工程技术研究中心
袁隆平
2019 年 3 月 26 日

2019 年 3 月 28 日，李克强总理出席博鳌亚洲论坛年会期间会见袁隆平，袁隆平递交了《关于请求设立国家海水稻研发中心的报告》

国家粮食安全工作做得更扎实些。"这项挑战性技术创新计划意味着，8 年之内种植发展耐盐碱水稻 1 亿亩左右，按亩产 300 公斤计算，可年产稻谷 300 亿公斤，相当于湖南省全年的粮食总产量，能够多养活 8000 多万人口。选育耐盐碱杂交水稻的精彩亮相，将使保障国家粮食安全的信心再次得到提升，为全世界所瞩目。

目前，国家耐盐碱水稻技术创新中心已聚集了全国优势攻关力量，正在紧锣密鼓的建设中。

2020 年 4 月，袁隆平出席国家耐盐碱水稻技术创新中心试验现场观摩及建设推进会

十三、传承先明　重教育人

袁隆平出身崇尚教育的门第世家，传承了重视培养人才的理念。他深知，对于杂交水稻技术的继承和创新，人才才是事业成功的保证。袁隆平作为学术带头人，需要人才梯队的建立与培养。

当年，水稻的雄性不育性研究刚刚起步的时候，袁隆平从安江农校的毕业生中，挑选出李必湖与尹华奇当助手，并对他们强调：不仅要重视对专业知识的学习，还应放眼了解世界科技信息。因此，他要求这两位助手一定要学习英语，甚至挤出时间给他们上辅导课。到了20世纪70年代初期，杂交水稻三系刚刚配套，袁隆平就把他俩先后送进武汉大学和湖南农学院深造；后来，还将他们多次派到国外传授杂交水稻技术。现在，李必湖与尹华奇都已退休，但他们都作为杂交水稻研究领域的技术骨干，晋升为研究员，在杂交水稻领域发挥重要作用。那些在当年开展大协作时期，听袁隆平架起小黑板讲课的、来自全国各地的杂交水稻技术人员不会忘记，袁隆平毫无保留地传授水稻杂交技术的经验和心得。这些人后来都成为著名杂交水稻专家，其中有罗孝和、周坤炉、黎垣庆、郭名奇、朱运昌……

袁隆平也深知，未来的农业科技光靠常规技术必将落伍，要重视多学科融合，必须与现代生物技术结合起来，甚至深入到分子技术领域，才可能占领农业科技发展的前沿阵地。基于这样的认识，他主张建立分子育种室，而要应用这样的高精尖技术，必须具有高精尖的人才。因而，他不遗余力地加强对人才的引进和培养。现在，袁隆平所在湖南杂交水稻研究中心的人才队伍，已形成高水准的梯形结构：高级研究人员近50名，占科研人员总数的一半；同时，相继培养出一批硕士、博士研究生，为大大提高科研水平准备了后备人才；还先后输送多名年轻科技人员出国或到中国香港地区深造。袁隆平从美国洛克菲勒基金会为中国争取到了生物学

弟子们向恩师袁隆平送上教师节的祝福

袁隆平与科技人员一起，在海南三亚南繁基地试验田检查工作

奖学金资助名额，选送湖南杂交水稻研究中心的多名优秀青年科技人员，赴美国、澳大利亚和中国香港地区等地学习。袁隆平认为，优秀人才的成长需要广阔的自由天地，如果思想受到束缚，就不可能实现超越和发展。他看得更远的是这些走出国门的人，一是为国家增了光，二是有利于在世界上推广杂交水稻。

袁隆平以开明的思想、超前的意识，为杂交水稻学发展描绘了远大的前景。

袁隆平为了使中国杂交水稻研发这艘航空母舰不断远航，不拘一格地奖励人才。他深谋远虑，设计了一个以资金作支撑、培养人才、鼓励创新的长远方案。1987 年，他获

2004 年，第三届袁隆平
农业科技奖颁奖

2016 年，第九届袁隆平
农业科技奖颁奖

得联合国教科文组织颁发的科学奖后，就决定把 1.5 万美元
奖金悉数捐出来，建立袁隆平杂交水稻奖励基金。后来，他
继续捐出包括世界粮食奖 12.5 万美元奖金等在内的更多奖
金，累计达 100 多万元。此举反响强烈。在湖南省委、省政
府及社会各界的支持下，袁隆平杂交水稻奖励基金会更名为
湖南省袁隆平农业科技奖励基金会。到目前为止，该基金会
的资金为 3000 多万元。这个基金会每两年评选、奖励一次，
已评选 11 届袁隆平农业科技奖。评选的范围不仅在国内，

2018年，第十届袁隆平
农业科技奖颁奖

而且延伸到国外在农业科技研究、推广、管理、教育等方面
作出突出贡献的人员。自 1999 年首次颁奖以来，已有来自
国内外的 20 多个团体和 100 余名个人获奖，其中包括在艰
难年代最早支持袁隆平开展杂交水稻研究的时任国家科委
九局局长赵石英。2018 年 9 月 7 日举行的第十届、2020 年
11 月 13 日举行的第十一届袁隆平农业科技奖颁奖仪式上，
日本京都大学教授池桥宏，印度纳特生物基因公司科研主
任伊希·库玛，美国水稻技术公司首席执行官顾问褚启人，
以及美国水稻技术公司前总裁鲁宾·安卓斯、现任总裁麦
克·顾明纳等 8 位国际人士获此殊荣。这表明，"袁隆平
农业科技奖"在国际农业科技界进一步提高了认可度和知
名度。

这项基金的增值部分除进行奖励外，还用于资助优秀

中青年农业科技工作者主持的农业科研项目。袁隆平还将自己与美国水稻技术公司合作所获顾问费捐出来，专门资助年轻科研人员及其科研项目，每年都有几个课题获得 2 万—5 万元的资助。湖南农科院水稻研究所有一位青年科技人员，连续 3 年获得 3 万元资助，科研成果颇丰。福建农业大学的一位博士后，因多倍体水稻育种研究经费不足，举步维艰，

2019 年，在湖南农业大学秋季开学典礼上，袁隆平深受师生追捧

抱着试试看的心情向袁隆平求助。袁隆平得知后极力支持，资助并热情鼓励他的研究。

　　袁隆平重视教育、培养人才的观念，不仅体现在杂交水稻领域、农业科技界，而且寄情莘莘学子。2004 年 9 月 26 日，袁隆平来到江西德安一中，向学校捐赠了 13 万元奖学金，并

2016 年，袁隆平（第一排左九）出席香港中文大学毕业典礼

2016年，袁隆平在云南个旧指导超级杂交稻高产攻关示范期间，考察红河州第一中学

为当年高考获得文、理科前两名的4名学生颁发了首届奖学金和证书。到目前为止，类似这样的捐资奖学，在袁隆平曾经上过学、读过书的所有小学、中学、大学，甚至与他没有关系的学校一一实施了，成为每一所学校激励学生成才的精

袁隆平为母校武汉四中（前身为博学中学）捐赠奖学金，并给获奖学生颁发奖学金

2009 年 4 月 22 日，袁隆平回到母校武汉四中"寻根"。袁隆平和学生们的交流，极大地激发了他们的求学热情。

神动力。

袁隆平重教育人，更注重教育理念。他倡导强强联合，并依托湖南省农科院，先后成立了中南大学研究生院隆平分院、湖南大学研究生院隆平分院，形成优势互补，吸引了立志为农业科技发展作贡献的优秀学生来培养深造。

他从不以说教示人，而是以自己的人生经验和心得体会作为诲人不倦的真知灼见：

知识＋汗水＋灵感＋机遇＝成功。

书本里种不出水稻，电脑里也长不出水稻，最重要的是下田、实干。

尊重权威，但不能迷信权威；要多读书，但不能迷信书本。

一个人事业的成功或者失败，最终起决定作用的是顽强坚持的毅力。

袁隆平为家乡江西省
德安县一中捐赠奖学金，
并给获奖学生颁发奖学金

2017年，袁隆平为母
校湖南省澧县弘毅学校捐
款设立奖学金

2011年，袁隆平获中
南大学首届"研究生最喜爱
的导师"称号

2005年，袁隆平为中南大学研究生院
隆平分院揭牌

2014年，袁隆平出席中南大学研究生院隆平分院研究生毕业典礼
暨学位授予仪式

2019 年，袁隆平会见访问湖南杂交水稻研究中心的美国世界粮食奖基金会主席肯尼斯·奎因

世界粮食奖基金会于 1998 年设立国际实习生项目。国家杂交水稻工程技术研究中心自 2004 年袁隆平获得世界粮食奖起，承担指导国际实习生项目，迄今已指导美国实习生 18 人。

2019 年，袁隆平向在国家杂交水稻工程技术研究中心实习的美国世界粮食奖青年学院夏季实习生颁发证书

2017 年，袁隆平国际高端农业人才培养中心在湖南农业大学成立

袁隆平科普杂交水稻知识

搞科研不提倡门户之见，要激发、释放自主创新能力。

在培养青年人才、鼓励创新上，应采用更有力度的激励机制。

……

袁隆平的句句人生感悟，无不成为激励后人的至理名言。

2008 年，袁隆平作为三湘第一棒火炬手，参加迎北京奥运火炬接力活动

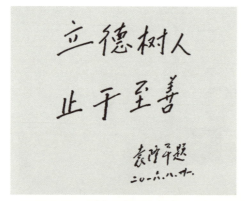

袁隆平的题词

袁隆平给小学生讲
"禾下乘凉梦"

少年夏令营的小朋友
拜望袁隆平

美国艾奥瓦州中学生
夏令营营员拜望袁隆平

2005年，袁隆平捐款
赈济印度洋海啸受灾难民

十四、才情艺趣　怡智科研

　　繁忙的工作之余，袁隆平喜欢用音乐来放松。袁隆平读大学时是合唱队的成员，专门唱低音。他喜欢经典老歌，比如《我的祖国》《喀秋莎》《红莓花儿开》等等。他还喜欢拉小提琴。在国家杂交水稻工程技术研究中心，每年的春节联欢会上，袁隆平的节目都是保留节目。他把全家人都带去，与职工、家属同乐。他有时拉一首小提琴曲子，有时跳起大学时代从电影上学来的踢踏舞，还自编自导剧目，博得同事和家属们的阵阵欢声笑语。袁隆平的音乐情结，缘自他的青少年时代。还是在大学期间，袁隆平班上有几个业余小提琴爱好者，他也喜欢上了拉小提琴。袁隆平最喜爱的曲子是

袁隆平拉小提琴

《梦幻曲》《蓝色多瑙河》以及舒伯特的《小夜曲》。谈起音乐来，袁隆平就像谈他的杂交水稻一样如数家珍。他不排斥现代流行音乐，但更喜欢传统的民族音乐。袁隆平对贺绿汀特别推崇，认为贺绿汀是了不起的音乐家，创作的不同风格的歌曲都很优秀。《游击队之歌》旋律明快，把抗日战士机警、灵活、乐观、无畏的精神表现得淋漓尽致。他还很喜欢贺绿汀的抒情歌

曲代表作《秋水伊人》。听袁隆平谈音乐，能感受到他年轻的心态和良好的艺术感觉。2001 年，在中央电视台举办的"科学在中国"文艺晚会上，袁隆平演奏了小提琴曲《行路难》。这首曲子是我国著名地质科学家李四光在 20 世纪初创作的。袁隆平在演奏时说：这首曲子告诉人们，探索科学的道路是艰难的，但不管怎么难，科研工作者也要走下去……

袁隆平打气排球

　　袁隆平喜爱体育，特别热衷游泳运动。年轻人在袁隆平面前特别随便，要与他比游泳速度，袁隆平总是兴致勃勃地接受挑战。比赛结果，无论蛙泳还是自由泳，小伙子们全都认输。袁隆平常常感叹：

袁隆平游泳

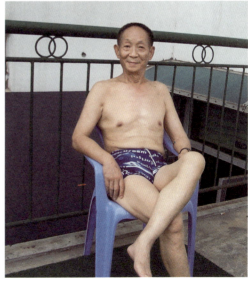

袁隆平 74 岁时的泳装照

袁隆平在马六甲海峡

袁隆平在耶路撒冷圣城

袁隆平下厨烹饪

狗狗乖乖

袁隆平参观葡萄园

购买岛服

欣赏手表

风铃童趣

开心秋千

袁隆平在下棋

袁隆平踢足球

要成才，第一要素，也是最基本的要素，就是身体好。身体棒棒的，才能谈理想、谈奉献。袁隆平说，现在，孩子的学习压力太大了，没有时间玩，不注意锻炼身体，容易把身体搞垮。一些小学生已经戴上了近视眼镜，这让他很痛心。

袁隆平还注重推动适合各个年龄段人们参与的气排球运

动。他说："我的生活内容很丰富，因为生活本身就丰富。我的工作也很愉快，能为国家、为世界作出贡献是最愉快的。"

"我还喜爱骑摩托车，因为下田最方便的就是骑摩托车。当然，这是工作上的爱好。我更喜欢读书，其实，我们不管喜欢什么，都能从书中得到答案。"

袁隆平还说："人的脑细胞是用不尽的。人到老年，更应用脑，可以预防老年痴呆症；尤其是学外语，可以有效地延缓衰老。"袁隆平有个座右铭——

袁隆平与年轻人打气排球

"学到老"。他的外语功底相当厚实。除了儿时深受通晓英文的母亲华静熏陶外，他自己对外语的痴迷、勤奋，以及对语言的敏锐感知和驾驭天赋，更是他成功的秘诀。他经常挤出时间看外文书、查词典、听英语广播、背英语单词，进行强化训练。袁隆平说，他曾强迫自己每天背 100 个英文单词。这样，即使丢掉一半，也还记下了四五十个。年深日久，他掌握的英文词汇量已相当大，涉及面又广，无论专业语汇，还是生僻词语，都反应敏锐，发音标准而且地道，完全能作为

袁隆平驾车下田

袁隆平喜欢猫

袁隆平骑马

一种熟练的语言与外国朋友交往。袁隆平遍访数十个国家，无论是讲学、学术交流，还是参观访问，从来不依靠翻译。

袁隆平喜欢猫。他说："猫爱干净，通人性。"他家里一直养猫，曾经有过三只猫。白天，母猫把两只小猫带出去玩，到吃饭时才回来。它们喜欢吃鱼、吃牛肉。袁隆平总是把好东西留给它们吃。两只小猫的毛色不一样，却是一个母亲生的。袁隆平说："这是分离现象嘛，体现了遗传学上的分离律。"

日常生活中，袁隆平喜欢同年轻人交往。他说："我喜欢和年轻人在一起。年轻人朝气蓬勃、敢打敢拼，是我们事业的希望。和年轻人在一起，我觉得自己也充满了青春

2008 年，袁隆平在香格里拉旅游时骑牦牛

的活力。"

他喜欢旅游，向往自由自在地出行。他曾经说过："我想过一种自由自在的生活，特别希望能作为一个普通人去享受大自然，到处游山玩水，人家认不出来。我怕兴师动众，

2003 年，袁隆平陪同西南农学院校友、中国工程院院士向仲怀（中）和中国工程院院士吴明珠，在田间参观超级杂交稻

2012年，袁隆平与当年在重庆的小学、大学同学相约来三亚休闲，兴致勃勃地带同学们参观他的杂交水稻试验田

到一个地方，什么市长、县长呀出来迎接，很麻烦。"为了清净，他甚至说："我要躲到深山老林里去。"

他喜欢逛书店，买书、阅读，人物传记、英文读物，甚至幽默故事等书籍都喜欢买；也特别喜欢看文史、地理方面的书籍，他说："我从小就喜欢地理。很多地方的人口、面

2007年，袁隆平、邓则夫妇在深圳沙头角游览中信明斯克航母世界所摄。袁隆平很喜欢这张照片，特意把它放在自己的钥匙牌上。

袁隆平、邓则夫妇共同戏水

袁隆平、邓则夫妇同游庐山植物园

袁隆平、邓则夫妇促膝谈心

袁隆平、邓则夫妇游
览长城

袁隆平、邓则夫妇在
菲律宾

袁隆平的办公桌一角

袁隆平对文史地理知识情有独钟

积、气候等等，我都记得。"

　　他对铁路和火车有很深的情结，这可能与他父亲袁兴烈曾经在平汉铁路局工作有关，他从小就经常接触铁路和火车。袁隆平外出考察时，接触到铁路方面的信息就饶有兴致。比如到云南去，他就要了解滇越铁路的历史，甚至个旧

袁隆平、邓则夫妇在自家开门见稻的阳台上，欣赏田里种植的第三代杂交稻

2019 年，袁隆平、邓则夫妇在海南三亚

袁隆平在过 90 岁生日时许愿，要早日实现超级杂交稻全年亩产 3000 斤

2004 年，袁隆平全家摄于江西庐山含鄱口

2006 年，袁隆平的全家福

袁隆平的全家福（摄于 2021 年春节）

雕塑：袁隆平

的寸轨铁路都激起他很高的兴趣，要一探究竟。当今时代，中国高铁快速发展起来，他特别关心各地高铁运营情况，往往舍弃乘飞机，硬是要坐高铁。袁隆平说过："我不想坐飞机旅游。我想坐火车、汽车，沿路观光。"

这，就是血肉丰满、情感丰富的袁隆平。

袁隆平雕像

袁隆平乘高铁出行

2016年，袁隆平在云南个旧参观滇越铁路展览

袁隆平出差后乘高铁返回长沙

2018年，袁隆平在中越边境河口镇考察滇越铁路

十五、荣誉瀑至　宁静致远

从 20 世纪 70 年代后半叶开始，我国粮食生产连续获得丰收，中国人吃饭问题的压力逐渐得到缓解。这段不平凡的历史，让人们记住了一个名字，就是种子革命的代表人物袁隆平。1981 年，国家把特等发明奖授予籼型杂交水稻的研究人员袁隆平等人。时至今日，国家特等发明奖仍然是唯一的。

1. 国家特等发明奖

根据国务院颁布的《中华人民共和国发明奖励条例》，1981 年 5 月 5 日，国家科委发明评选委员会专家对籼型杂交水稻这项重大发明进行了认真评审，一致认为：这项发明的学术价值、技术难度、经济效益和国际影响都很突出，应该奖励。报请国务院批准后，决定对全国籼型杂交水稻科研协作组的袁隆平等人授予特等发明奖，发给奖状、奖章和奖金 10 万元。

授奖仪式确定在北京举行。正在菲律宾的国际水稻研究所搞合作研究的袁隆平接到加急电报，要求他在第二天赶到北京。授奖大会于 1981 年 6 月 6 日隆重举行。那天，党和国家领导人王震、方毅、万里，以及农业部部长林乎加，中国科协主席周培源，中国科协副主席金善宝、钱学森，国家科委副主任武衡、童大林、赵东宛、杨浚，国家农委副主任张平化、杜润生、何康等人出席了授奖大会。正式颁奖时，国务院副总理、国家科委主任方毅亲自将奖状、奖章和奖金颁给获奖者代表袁隆平。方毅还发表了讲话，他称赞说：美

1981 年 6 月 6 日，国家科委、国家农委在北京联合召开籼型杂交水稻特等发明奖授奖大会

1981 年 6 月 6 日，国家科委、国家农委在北京联合召开授奖大会，授予全国籼型杂交水稻科研协作组的袁隆平等人特等发明奖

国务院籼型杂交水稻
特等发明奖湖南省发奖大
会合影留念

国、日本、印度、意大利、苏联等十几个国家的科学家，开
展杂交水稻研究已有十几年的历史，但都还处在实验阶段，
而我们是走在前面了。籼型杂交水稻的培育成功，为中国争
得了荣誉。方毅又说，这是新中国成立以来第一次授予特等
发明奖的大会。我国第一项特等发明奖授予农业方面的发
明，说明我国农业科学技术有雄厚的基础，作出了卓越的贡
献；也说明农业科学技术大有可为。

国务院的贺电

（1981 年 6 月 6 日）

全国籼型杂交水稻科研协作组：

籼型杂交水稻是一项重大发明，它丰富了水稻育种的
理论和实践，育成了优良品种。在有关部门和省、市、自
治区的领导下，大力协作，密切配合，业已大面积推广，
促进了我国水稻大幅度增产。为此，特向你们并通过你们
向参加发明、推广这项成果和参与组织领导工作的科技人

1981 年，获得国家特等发明奖的全国籼型杂交水稻科研协作组部分人员

员、农民、干部致以热烈的祝贺。

籼型杂交水稻的育成和推广，有力地表明科学技术成果一旦运用于生产建设，能够产生多么大的经济效益。发展农业生产，一靠政策，二靠科学。殷切期望广大农业科技工作者再接再厉，继续奋进，为发展我国农业生产做出更大的贡献。

1985 年，袁 隆 平 与机械工程学家沈鸿（中）、北京工业大学高级工程师徐锦航荣获世界知识产权组织颁发的杰出发明家金质奖章和荣誉证书

1987 年，联合国教科文组织总干事姆博（右一）在位于法国巴黎的联合国教科文组织总部，向袁隆平颁发科学奖证书

1988 年，袁隆平获英国朗克基金会
颁发的农学与营养奖

1996 年，袁隆平（左）获日本日经
亚洲技术开发奖

1997 年，诺贝尔和平奖获得者诺曼·布劳格，授予袁隆平"国际农作物杂种优
势利用杰出先驱科学家"荣誉称号

2."袁隆平星"

1999 年 10 月，经国际小天体命名委员会批准，中国科学院北京天文台施密特 CCD 小行星项目组发现的一颗小行星，被命名为"袁隆平星"。这颗小行星是 1996 年 9 月 18 日在兴隆观测站发现的，发现后的暂定编号为 1996SD1，其中的 SD 正好是中文"水稻"的汉语拼音字头。当它获得 8117 这一永久编号后，为了表示对"杂交水稻之父"袁隆平的敬意，天文学家们决定把它命名为"袁隆平星"。

为了表达对袁隆平创造性劳动和巨大贡献的崇高敬意，国际天文学联合会将中国发现的第 8117 号行星命名为"袁隆平星"。这颗用袁隆平这位伟大科学家的名字命名的行星，将永远闪耀在人类文明的星空。

"袁隆平星"命名证书

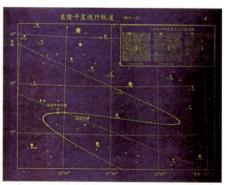

"袁隆平星"轨道示意图   "袁隆平星"运行轨道

1981 年，袁隆平牵头的全国籼型杂交水稻科研协作组获新中国成立以来国家颁发的第一个特等发明奖

1985 年，袁隆平获得的世界知识产权组织颁发的杰出发明家金质奖章

1987 年，袁隆平获得的联合国教科文组织颁发的科学奖证书

1988 年，袁隆平获得的英国朗克基金会颁发的农学与营养奖证书

1992 年，袁隆平被授予湖南省"功勋科学家"荣誉称号

1993 年，袁隆平获得的美国费因斯特基金会颁发的拯救世界饥饿奖证书

1994 年，袁隆平获得的首届何梁何利基金科学与技术进步奖证书

1995年，袁隆平获得的联合国粮农组织颁发的粮食安全保障荣誉奖奖牌

1996年，袁隆平获得的日本经济新闻社颁发的日经亚洲技术开发奖证书

1997年，袁隆平获得的"国际农作物杂种优势利用杰出先驱科学家"荣誉称号证书

1996年，袁隆平编著的《杂交水稻育种栽培学》获国家科技进步奖三等奖

1998年，袁隆平获得的日本越光国际水稻奖证书

2001年，袁隆平获得的菲律宾拉蒙·麦格赛赛奖证书

3. 首届国家最高科学技术奖

国家最高科学技术奖是经党中央、国务院决定，在2000年设立的、新的国家级科技奖励奖项。按照《国家科学技术奖励条例》的规定，国家最高科学技术奖授予在当代科技前沿取得重大突破或者在科技发展中有卓越建树的科技工作者；或者在科技创新、科技成果转化和产业化中，创造巨大经济效益或社会效益的科技工作者。根据《国家科学技术奖励条例》规定，每年举行一次评奖活动，每次有不超过两位的获奖者，最终由国务院批准，由国家主席签署并颁发获奖证书和奖金，奖金额度为每位获奖者500万元人民币。国家最高科技奖不分等级。2001年2月19日，党中央、国务院在北京人民大会堂隆重召开国家科学技术奖励大会，其中包括首次颁发国家最高科学技术奖。人民大会堂万人大礼堂里，灯光璀璨，鲜花如簇。会前，江泽民等党和国家领导人与2000年度国家科学技术奖励获奖代表合影留念。胡锦涛主持大会。李岚清宣读国务院的颁奖《决定》，宣布把2000年度国家最高科学技术奖授予农学家袁隆平和数学家吴文俊。江泽民为这两位获奖者颁发了奖励证书和奖金。朱镕基代表党中央、国务院，向首次荣获国家最高科学技术奖的袁

2001年，袁隆平获得的首届国家最高科学技术奖证书

隆平、吴文俊，以及所有获奖人员和集体表示热烈祝贺，鼓
励全国广大科技工作者继续为促进科技进步和创新、为经济
发展和社会进步作贡献。

　　袁隆平与吴文俊这两位不同研究领域的科学家见面后，
留下了一段妙趣横生的对话。吴文俊对袁隆平说："大家都称
你是'杂交水稻之父'。按学科说，农业和数学的关系向来非
常密切。数学是起源于农业的，数学计算最早来自对农田的
丈量。比如，'几何'即来自希腊文'丈量土地'。从历史上
看，要发展农业，必须观天测地：观天发展成天文；测地发
展成几何，这就说明了几何的来源。从中国来看，尤其是这
样。这是因为，中国社会向来是以农业为主的；历史上，中
国的数学发展过程里面，有许许多多的问题都来自农业。"袁
隆平则对吴文俊说："数学是'科学之母'。任何科学技术，发
展到最高阶段都要数量化、公式化。"吴文俊又说："搞数学、

2001 年 2 月，获得
首届国家最高科学技术奖
的袁隆平、吴文俊接受中
央电视台专访

2001 年，袁隆平和
吴青被授予拉蒙·麦格赛
赛奖

搞科学的人都要吃饭，农业应该算是'科学之父'。"袁隆平
笑道："我小时候数学成绩不好，初中时向老师提问为什么
'负负得正'，到现在也还是没弄清楚。"吴文俊听后大笑起
来。后来听说，吴文俊在中学时，对"负负得正"也是很不
理解的。袁隆平则认为，吴文俊是知难而进，成了大数学家。

2001年8月，袁隆平获得菲律宾拉蒙·麦格赛赛奖

2001年，袁隆平获香港中文大学荣誉博士学位

2002年，袁隆平获得的越南政府颁发的越南农业和农村发展荣誉徽章

2002年5月，越南总理潘文凯向袁隆平授予越南农业和农村发展荣誉徽章

4. 世界粮食奖

　　2004 年，是联合国确定的"国际水稻年"，袁隆平荣获世界粮食奖。10 月，袁隆平赴美国艾奥瓦州领奖。世界粮食奖基金会在给予袁隆平的颁奖辞中赞誉："袁隆平教授以 30 多年卓越研究的宝贵经验，以及为促使中国由粮食短缺转变为粮食充足供应作出的巨大贡献，而获得这项奖励。他正在从事的超级杂交稻研究，为保障世界粮食安全和解除贫困展示了广阔前景；他的成就和远见卓识，还营造了一个粮食更为富足、粮食安全具有保障的更加稳定的世界。同时，袁隆平教授致力于将技术传授并应用到包括美国在内的其他 10 多个国家，使这些国家已经受到很大的裨益。"应邀前来的菲律宾农业部部长，则介绍了应用杂交水稻技术对菲律宾粮食生产及粮食安全保障产生的作用和影响。

　　这次还发生了一个十分有趣的故事。2004 年 10 月 17 日，袁隆平一行在美国艾奥瓦州首府得梅因参加完世界粮食奖颁奖活动后，启程前往位于得克萨斯州休斯敦的美国水稻技术公司交流。一行人因为行李多，竟然在休斯敦机场漏下了一件行李。这件行李不是别的，恰恰正是袁隆平刚刚领回的世界粮食奖奖杯！在 2001 年遭受 "9·11" 恐怖袭击的美国人，已经成了惊弓之鸟，面对这个很重的物件，感到非常紧张："难道是谁蓄意留下的定时炸弹？"机场工作人员把它移交给安检部门。警察十分谨慎小心地打开后，惊异地张开大嘴，兴奋地叫起来："世界粮食奖的一位获奖人居然到了我们休斯敦！"

2019 年 8 月 9 日，世界粮食奖基金会主席肯尼斯·奎因在祝贺袁隆平 90 岁大寿的贺词中说："2004 年，怀着无上的敬意和自豪，我们授予您世界粮食奖，以示对'杂交水稻之父'所取得的卓越成就的赞誉。自那年在艾奥瓦州举办的激动人心的典礼至今，已整整 15 年。15 年来，您仍旧孜孜不倦地在水稻研究领域取得突破创新，造福人类。"

2004 年 10 月 15 日，袁隆平获世界粮食奖基金会颁发的世界粮食奖

2004 年，袁隆平获得的世界粮食奖奖杯

2004 年，袁隆平获得的世界粮食奖奖状

2004 年 10 月，袁隆平获世界粮食奖后，从美国载誉而归

2004 年 5 月 10 日，袁隆平在耶路撒冷从以色列总统卡察夫手中接过沃尔夫农业奖证书

2004 年 5 月 10 日，袁隆平在耶路撒冷向人们展示他刚刚获得的沃尔夫农业奖证书

2004 年 9 月，袁隆平获得的泰国"金镰刀"奖

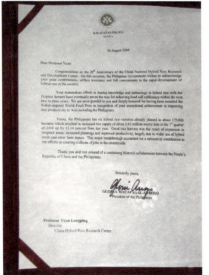

2004 年 9 月，袁隆平获泰国"金镰刀"奖

2007 年，袁隆平获澳门科技大学荣誉博士学位

    2004 年 9 月，菲律宾总统阿罗约访问中国期间，为袁隆平颁授的嘉奖状

记得 2008 年，香港凤凰卫视影响世界华人盛典授予袁隆平影响世界华人终身成就奖时，他发表获奖感言，表达了对名利的心志："获得殊荣，我感到很荣幸，但奖项对我来讲，既是鼓励，也是鞭策。获得终身成就奖就是要奋斗终身的，我要争取更多的成绩。"袁隆平是这么说的，也是这么做的，因为他一生追求的就是奋斗终身。

2005 年，袁隆平获得的亚太地区种子协会颁发的杰出研究成就奖奖牌

5. 当选美国科学院外籍院士

2007 年，在袁隆平接受美国国家科学院授予的外籍院士称号时，美国国家科学院院长西瑟隆致辞说："袁隆平先生发明的杂交水稻技术，为世界粮食安全作出了杰出的贡献，增产的粮食每年为世界解决 7000 万人的吃饭问题。"

2007 年，袁隆平在美国国家科学院外籍院士受聘仪式上，与美国国家科学院院长西瑟隆合影

2007年，袁隆平就任美国国家科学院外籍院士

6.国家科学技术进步奖特等奖

　　两系法杂交水稻技术研究与应用是国家"863"计划专题研究项目，袁隆平担任责任专家。他带领协作组的专家们，历经 20 多年的攻关与实践，最终取得了这项中国独创并拥有完全自主知识产权的重大科技成果，其中包括实用光温敏不育系选育理论与鉴定技术、核心种子与原种生产、光温敏不育系高产稳产繁殖、安全高产制种等技术体系，是实现杂交水稻超高产攻关的重要支撑。1996 年，中国科学院、中国工程院两院院士将两系法杂交水稻技术研究取得成功，评为中国十大重大科技事件之首。2003 年、2011 年，两院院士又在两次评选中国十大科技进展新闻时，将手中的选票毫不吝惜地投向这一重大创新成果。据统计，截止到 2012 年，全国累计推广两系杂交稻 4.99 亿亩，增产稻谷 110.99

2014 年，两系法杂交水稻技术研究与应用获 2013 年度国家科学技术进步奖特等奖

319

2010年，袁隆平获法国最高农业成就勋章

2012年，袁隆平获马来西亚2011年度马哈蒂尔科学奖

亿公斤，增收 271.93 亿元，推广区域遍布全国 16 个省、自治区、直辖市。这不仅促进了我国水稻产业技术体系升级和水稻产业结构调整，而且对粮食增产、农业增效、农民增收、农村繁荣发挥了重要作用。

2014 年，两系法杂交水稻技术研究与应用获 2013 年度国家科学技术进步奖特等奖。

7. 首届吕志和奖——世界文明奖

2016 年，袁隆平因开创杂交水稻事业并对中国及世界粮食安全保障作出杰出贡献，获得香港首届吕志和奖——世界文明奖，奖金 2000 万港元。袁隆平获得的是该奖项中的"持续发展奖"，这也正是他将所获奖金用于支持杂交水稻持

2016 年 10 月 3 日，袁隆平获首届香港吕志和奖——世界文明奖

2017年，袁隆平杂交水稻
创新团队获得的国家科学技术
进步奖证书正面和背面

2010年，袁隆平获得的法国最高农业成就勋章

2010年，袁隆平获得的法国最高农业成就奖奖状

2010年，袁隆平获得的日本新
潟国际粮食奖奖杯

续研发的原因：一是支持袁隆平农业科技奖励基金的发展壮
大；二是支持第三代杂交水稻研发，促进杂交水稻的更高水
平发展。

　　2012 年，袁隆平获得的马来西亚 2011 年度
马哈蒂尔科学奖奖牌

　　2012 年，袁隆平获得的马来西
亚 2011 年度马哈蒂尔科学奖奖状

　　2016 年，袁隆平获得的香
港吕志和奖——世界文明奖奖杯

　　2016 年，袁隆平获得的香港吕志和奖——世界文明奖奖状

8."改革先锋"荣誉称号

2018 年 12 月 18 日，庆祝改革开放 40 周年大会在北京人民大会堂隆重召开。中共中央总书记、国家主席、中央军委主席习近平出席大会并发表重要讲话。中共中央政治局常委、国务院总理李克强主持大会。中共中央政治局常委、中央书记处书记王沪宁宣读了《中共中央、国务院关于表彰改革开放杰出贡献人员的决定》，对 100 名为推动改革开放作出杰出贡献的人员进行表彰。袁隆平

2018 年 12 月，袁隆平获得的"改革先锋"荣誉证书和奖章

作为杂交水稻研究的开创者，被授予"改革先锋"荣誉称号，并获颁"改革先锋"奖章。

2018 年，袁隆平获第 3 届未来科学大奖"生命科学奖"

2020 年 11 月 16 日，智利驻华大使路易斯·施密特·蒙特斯专程来到长沙，代表智利外交部国家形象委员会向袁隆平颁发麦哲伦海峡奖。他在颁奖仪式上表示："我们从世界的尽头智利而来，向袁隆平院士表达敬意。我们希望与世界各国分享他的成就。我非常荣幸，能代表我的国家，向勇于超越传统、具有创新贡献的袁隆平院士颁奖。"

9."共和国勋章"

2019 年是中华人民共和国成立 70 周年。党中央决定，首次开展国家勋章和国家荣誉称号集中评选颁授，隆重表彰一批为新中国建设和发展作出杰出贡献的功勋模范人物。根据评选颁授工作部署，在各地区、各部门反复比选和集体研究基础上，经组织考察、统筹考虑，产生 8 名"共和国勋章"建议人选、28 名国家荣誉称号建议人选。8 位"共和国勋章"建议人选中，袁隆平是其中一位。

2019 年 9 月，庆祝中华人民共和国成立 70 周年之际，国家主席习近平签署主席令，授予袁隆平等 8 人"共和国勋章"。

9 月 29 日上午，中华人民共和国国家勋章和国家荣誉称号颁授仪式在北京人民大会堂金色大厅隆重举行。上午 10 时许，伴着欢快的乐曲，习近平与袁隆平等国家勋章和国家荣誉称号获得者一同步入会场。全场起立，热烈鼓掌。

2019 年 9 月，袁隆平荣获"共和国勋章"

当每一位国家勋章和国家荣誉称号获得者走向庄严的领奖台时，播放颁奖辞的声音在金色大厅回荡。给予袁隆平的颁奖辞这样说："袁隆平，杂交水稻研究的开创者，50多年来致力于杂交水稻技术的研究、应用与推广，为我国粮食安全、农业科学发展和世界粮食供给作出巨大贡献。"

颁授仪式上，习近平发表重要讲话。他指出，这次受表彰的国家勋章和国家荣誉称号获得者，是千千万万为党和人民事业作出贡献的杰出人士的代表。

的确，每一位国家勋章和国家荣誉称号获得者，无不生动体现了中华民族精神和社会主义核心价值观。他们坚定理想、矢志不渝，埋头苦干、忘我工作，顽强拼搏、百折不挠，一心为民、无私奉献，几十年如一日无怨无悔，展现了忠诚、执着、朴实的精神特质。他们的事迹和贡献将永远写在人民共和国的史册上！

谈到受勋的感受，袁隆平讲起习近平向他颁授"共和国勋章"时的一个细节。习近平问，水稻有什么进展？袁隆平答道，我们正在向亩产1200公斤冲刺！袁隆平感叹说："我接受'共和国勋章'很激动。这个奖，对我是鼓励，也是鞭策。我得了很多奖，但这是国家最高荣誉。我不能躺在功劳簿上睡大觉，还要攀高峰。"他又说："这枚'共和国勋章'，好重好重。"为此，他从北京回到长沙后第一天就要下田。袁隆平是真正在用实际行动，为实现"两个一百年"奋斗目标、实现中华民族伟大复兴的中国梦贡献力量。

十六、"袁隆平星" 光耀千秋

　　2021 年 5 月 22 日，世界杂交水稻领域迎来至暗的一天。下午一点零七分，"杂交水稻之父"袁隆平与世长辞。此时的长沙，雾雨霏霏，恰似星城哭泣。当载着袁隆平遗体的灵车缓缓驶出湘雅医院的时候，早已等候在外的市民们一路护送，痛哭悲号："袁爷爷，一路走好！"灵车缓缓，芙蓉路长，上万人自发地在十里长街送袁隆平最后一程。人群奔跑、车流鸣笛，每一个人都泣不成声。雨水夹杂着泪水，泪雨滂沱，蔓延在城市的大街小巷。哀悼和致敬的洪流，延伸、延

人们深情悼念袁隆平

伸再延伸……至袁隆平一直工作的地方——芙蓉区马坡岭湖南省农业科学院湖南杂交水稻研究中心，至长沙明阳山殡仪馆。殡仪馆前早已人头攒动，人们对着殡仪馆的大门深深鞠躬，久久不肯离去。

这一天，最耀眼的星城——长沙星光黯淡，却同样举世瞩目。来自全国各地的人们，为了祭奠心中的英雄袁隆平，从全国自发地、不分昼夜地会聚到长沙这座城市，来到湘雅医院、湖南杂交水稻研究中心、明阳山殡仪馆等场所，鲜花捧手，祭拜情深。这一刻，这座城市正经历一场声势浩大的"倾尽一城花，只为送一人"的人间洗礼；从这里散发出来的悲伤，波及全国、全世界，引发全球人们对袁隆平去世的沉痛哀悼和深切缅怀。

5月23日，袁隆平同志治丧办公室发出讣告。同一天，中共中央总书记、国家主席、中央军委主席习近平，委托湖南省委书记许达哲专程看望了袁隆平的家属，并转达了对袁隆平逝世的深切悼念和对其家属的亲切问候。习近平高度肯定袁隆平为我国粮食安全、农业科技创新、世界粮食发展作出的重大贡献，并要求广大党员、干部和科技工作者向袁隆平学习。习近平强调，我们对袁隆平的最好纪念，就是学习他热爱党、热爱祖国、热爱人民，信念坚定、矢志不渝、勇于创新、朴实无华的高贵品质；学习他以祖国和人民需要为己任，以奉献祖国和人民为目标，一辈子躬耕田野，脚踏实地，把科技论文写在祖国大地上的崇高风范。

5月24日上午10点，袁隆平遗体送别仪式在长沙明阳山殡仪馆明德厅举行。

《湖南日报》当日作了报道：

　　袁隆平同志逝世后，中共中央总书记、国家主席、中央军委主席习近平对他的逝世表示深切悼念，向其家属表示亲切问候并送花圈。李克强、栗战书、汪洋、王沪宁、赵乐际、韩正、王岐山，王晨、刘鹤、孙春兰、李希、杨晓渡、陈希、陈全国、陈敏尔、胡春华，江泽民、胡锦涛、朱镕基、李瑞环、吴邦国、温家宝、贾庆林、张德江、俞正声、宋平、李岚清、曾庆红、吴官正、李长春、贺国强、刘云山、张高丽，尤权、曹建明、张春贤、沈跃跃、吉炳轩、艾力更·依明巴海、万鄂湘、陈竺、王东明、白玛赤林、丁仲礼、郝明金、蔡达峰、武维华、王勇、肖捷、赵克志、周强、张庆黎、万钢、何厚铧、王正伟、马飚、梁振英、杨传堂、李斌、苏辉、郑建邦、邵鸿、高云龙，田纪云、姜春云、王兆国、回良玉、吴仪、曾培炎、王刚、刘延东、马凯、王汉斌、杜青林、王丙乾、邹家华、彭珮云、周光召、李铁映、何鲁丽、许嘉璐、蒋正华、顾秀莲、热地、盛华仁、路甬祥、乌云其木格、陈至立、周铁农、司马义·铁力瓦尔地、蒋树声、桑国卫、王胜俊、陈昌智、严隽琪、张平、向巴平措、张宝文、戴秉国、任建新、王忠禹、白立忱、陈奎元、阿不来提·阿不都热西提、张榕明、钱运录、孙家正、李金华、陈宗兴、韩启德、李海峰等分别发来唁电或送花圈表示悼念。

泰王国公主玛哈扎克里·诗琳通，联合国粮农组织总干事屈冬玉，马达加斯加共和国农业、畜牧业和渔业部长拉纳里韦卢，东帝汶民主共和国农业渔业部长佩德罗·多斯雷斯等送花圈或表示悼念。

24 日上午，长沙明阳山殡仪馆庄严肃穆，哀乐低回。正厅上方悬挂着黑底白字的横幅"沉痛悼念袁隆平同志"，横幅下方是袁隆平同志的遗像。袁隆平同志的遗体安卧在鲜花翠柏丛中，身上覆盖着鲜红的中华人民共和国国旗。上午 10 时许，许达哲、毛伟明、李微微、乌兰、杨正午、

袁隆平家人敬献的花篮

王克英、胡彪、黄兰香、王双全、谢建辉、张剑飞、张宏森、李殿勋、王成、吴桂英、刘莲玉等省领导和老同志在哀乐声中缓步来到袁隆平同志的遗体前肃立默哀，向袁隆平同志的遗体三鞠躬，并与袁隆平同志亲属一一握手，致以深切慰问。

袁隆平同志住院期间和逝世后，许达哲、毛伟明、杜家毫、李微微、乌兰、熊清泉、杨正午、王克英、胡彪、黄兰香、王双全、谢建辉、张剑飞、冯毅、张宏森、李殿勋、王成、吴桂英、刘莲玉等领导

和老同志前往医院看望或通过各种方式吊唁、志哀并向其亲属表示慰问。

中央和国家机关有关部门、部分中央企业、相关省（市）负责同志，以及袁隆平同志生前好友和家乡代表等参加送别仪式或发唁电、送花圈。

袁隆平同志是江西德安人，1930年9月出生于北京一个知识分子家庭。1949年8月至1953年8月，在西南农学院农学系农作物专业学习。1953年8月至1971年1月，任湖南省安江农业学校教员。1971年1月至1984年6月，任湖南省农业科学院杂交水稻研究员（1978年9月晋升为研究员）。1984年6月至1988年1月，任湖南杂交水稻研究中心主任。1988年1月至1995年5月，任湖南省政协副主席、湖南杂交水稻研究中心主任、湖南省农业科学院名誉院长。1995年5月至2016年1月，任湖南省政协副主席（其间：1995年5月至2015年8月，任湖南杂交水稻研究中心主任、国家杂交水稻工程技术研究中心主任）。1995年当选为中国工程院院士。2007年当选为美国科学院外籍院士。

袁隆平同志是无党派人士的杰出代表，是中国共产党的挚友。他坚决拥护中国共产党的领导，衷心拥护中国共产党领导的多党合作和政治协商制度，忠实践行习近平新时代中国特色社会主义思想，在思想上政治上行动上同以习近平同志为核心的中共中央保持高度一致。他热爱党、热爱祖国、热爱人民，始终关注民生、贴近群众，以祖国和人民需要为己任，以奉献祖国和人民为目标，脚踏实地把科技论文写在祖国大地上，紧紧围绕党和国家的中心工作、改革开放和现代化建设的大局积极参政议政、献计出力。

袁隆平同志是杂交水稻研究领域的开创者和带头人，被誉为"杂交水稻之父"。他发明了三系法籼型杂交水稻技术，独创了两系法杂交水稻技术，创立了杂交水稻学科，培养了一大批杂交水稻专家和技术骨干，建立和完善了一整套杂交水稻理论和应用技术体系。中共十一届六中全会通过的决议，将籼型杂交水稻的育成与推广，同氢弹试验和人造卫星回收成功等一道列为我国科学技术取得的重要成就。习近平总书记曾四次接见袁隆平同志，充分肯定袁隆平团队作出的重大贡献。2018年，袁隆平同志获"改革先锋"称号，2019年，被授予"共和国勋章"。

袁隆平同志是新中国培养的第一代优秀的科技工作者，是中国知识分子的光辉楷模。他作为农业科学家，70年如一日，矢志不渝，凭着顽强的毅力和决心，全心致力于杂交水稻的科学研究。据统计，杂交稻自1976年推广以来，种植面积累计达到90亿亩，累计增产稻谷8000多亿公斤。每年因种植杂交稻而增产的粮食，可以多养活8000万人口。

袁隆平同志为世界粮食安全作出了杰出贡献。他一生追求"禾下乘凉梦"和"杂交水稻覆盖全球梦"两个梦想，把"发展杂交水稻、造福世界人民"作为毕生事业。全

球共有 40 多个国家引种杂交水稻，中国境外种植面积达
800 万公顷。

袁隆平同志是第五届全国人大代表，第六届、七届、
八届、九届、十届、十一届、十二届全国政协常委。

袁隆平同志一生最大的贡献，一是突破了传统理论束
缚，发明了杂交水稻；二是创建杂交水稻学科，构建了杂
交水稻理论体系；三是攻坚克难推动杂交水稻技术应用，
为我国粮食安全作出了巨大贡献；四是致力杂交水稻走向
世界，为人类战胜饥饿彰显了担当。

袁隆平同志的一生，是与中国共产党风雨同舟、肝胆
相照的一生，是勇于创新、追求真理的一生，是情牵祖
国、心系人民的一生，是胸怀世界、造福人类的一生，是
淡泊名利、无私奉献的一生。

袁隆平同志的名字，写入了辽阔大地，印在老百姓心
上。"袁隆平星"在太空闪烁，星耀大地。袁隆平同志的
杰出成就，不仅属于中国，而且影响世界。

5 月 24 日这一天，中国外交部发言人赵立坚在例行
记者会上，就海外媒体和网友以多种方式表达追思，感谢
袁隆平为推进粮食安全、消除贫困、造福民众作出的杰出贡
献表示：中国著名科学家、"共和国勋章"获得者、中国工
程院院士袁隆平逝世后，中外各界都表示沉痛悼念。这充分
说明，他对中国乃至世界杂交水稻事业所作的贡献，受到广
泛认可和高度评价。他的逝世是中国和世界的巨大损失，他

将永远为人们所缅怀和铭记。

赵立坚说，目前，中国杂交水稻年种植面积已达 2.4 亿亩，仅每年增产的粮食就可以多养活 8000 万人。中国用不到世界 9% 的耕地，养活了世界近 1/5 的人口，将饭碗牢牢地端在自己手中，这与袁隆平院士的艰苦努力密不可分。在自身粮食增产增收的同时，我们也始终秉持开放和负责任的态度，与世界各国慷慨分享杂交水稻技术。

赵立坚介绍，中国杂交水稻技术的输出与对外开放几乎同步。1979 年，中方首次对外提供了杂交水稻种子。40 年后，中国杂交水稻已在亚洲、非洲、美洲的数十个国家和地区推广种植，年种植面积达 800 万公顷。40 年间，袁隆平院士和他的研究人员还先后赴印度、巴基斯坦、越南、缅甸、孟加拉国、斯里兰卡、马达加斯加、美国等国为水稻研究人员提供建议和咨询，并通过国际培训班为 80 多个发展中国家，培训超过 1.4 万名杂交水稻专业技术人才。上述努力为解决世界饥饿和贫困问题作出了巨大贡献。"金黄沉甸的稻谷，让无数人享受到吃饱的幸福，看到生活的希望。"

赵立坚最后说道，袁隆平院士不仅属于中国，也属于世界。他毕生奋斗的梦想，就是让杂交水稻覆盖全球，让所有人不挨饿。中国创造了粮食自给的人间奇迹，也有意愿、有能力继续为全球粮食安全治理作出更大贡献。我们相信，在各方的携手努力下，袁隆平院士的梦想一定会成为现实，饥饿和贫困终将从地球上消失。

一批外国驻华使领馆先后发来唁电，悼念"杂交水稻之

父"、中国工程院院士袁隆平。

智利驻华大使馆在唁电中说，袁隆平院士是杂交水稻研究领域的先驱和领导者，他在解决世界粮食安全问题上的巨大贡献和创新精神得到了智利的认可，于 2020 年 11 月在长沙获得智利外交部国家形象委员会颁发的麦哲伦海峡奖。智利驻华大使馆对袁隆平院士的逝世表示

人们沉痛悼念袁隆平

沉痛哀悼，并向袁隆平院士的奉献精神和对人类的杰出贡献致以最崇高的敬意。

孟加拉国驻华大使馆在唁电中说，袁隆平院士将毕生精力投入到研究与发展杂交水稻事业中，这一壮举不仅帮助了中国，也帮助了包括孟加拉国在内的国家与地区人民获得粮食。袁隆平院士将因他在杂交水稻领域的贡献而被铭记，这些贡献对孟加拉国实现粮食自给自足产生了积极影响。

以色列驻华大使馆在唁电中说，袁隆平院士是 2004 年度以色列沃尔夫农业奖获得者，他为增加世界粮食供应作出了非凡贡献，并与世界各国科学家共享技术。袁隆平院士的辞世对全世界来说是巨大的损失，以色列驻华大使馆向袁隆平院士的家人表达最深切的慰问。

莫桑比克驻华大使馆在唁电中说，袁隆平院士亲身参与了杂交水稻在莫桑比克的种植推广，他为莫中两国加强农业合作、为两国友好交往史留下了宝贵遗产。莫桑比克驻华大使馆代表莫桑比克政府以及莫桑比克人民，向袁隆平院士致以最崇高的敬意。

老挝驻长沙总领事馆在唁电中说，袁隆平院士与老挝国家最高领导人之间的友好交流，推动老中两国特别是老挝与湖南省的友好关系更加紧密。老挝驻长沙总领事馆向湖南省委、省政府及湖南人民，特别是袁隆平院士家属致以诚挚慰问。

菲律宾驻广州总领事馆在唁电中说，袁隆平院士富有远见的努力及其农业技术创新，使中国和包括菲律宾在内的世界各国粮食安全得到了改善，菲律宾的农业组织也因他的研究受益匪浅。

此外，墨西哥驻华大使馆、喀麦隆驻华大使馆、苏里南驻华大使馆、卢森堡驻华大使馆、几内亚比绍驻华大使馆、泰国驻昆明总领事馆等也发来唁电，对袁隆平的逝世表示深切悼念。

联合国官方账号在社交平台上发文："袁隆平院士为推进粮食安全、消除贫困、造福民生作出了杰出贡献！国士无双，一路走好！"

联合国粮农组织总干事屈冬玉发文缅怀袁隆平，他在社交平台上写道："一生修道杂交稻，万家食粮中国粮。我敬爱的大师千古!"屈冬玉表示,袁隆平毕生致力于杂交水稻研究,帮助数十亿人实现了粮食安全。屈冬玉称袁隆平是自己的"灵感源泉",是自己敬爱的"老师",对袁隆平的逝世深感悲痛。

美国驻华大使馆官方社交媒体账号也发文悼念袁隆平:我们与中国以及世界各地的人们一起怀着哀思悼念袁隆平的逝世。他是农业科学与创新的先驱。作为"杂交水稻之父",他以孜孜不倦的努力彻底改变了有关全球粮食安全的对话。我们在此表达我们深切的哀悼。袁隆平是中国工程院院士、学者、发明家和创业者,也是全球农业社区的朋友。他获得过多项全球荣誉,包括2004年的世界粮食奖、联合国教科文组织的科学奖以及联合国粮农组织的粮食安全荣誉奖章。多年来,袁隆平与来自美国农业部的美国大使馆员工以及美国科学家进行过多次对话与交流。他致力于同世界各国分享他的智慧和见解。2007年,袁隆平博士当选美国国家科学院(NAS)的外籍院士,这是美国科学与工程领域的一项最高荣誉。袁隆平也成为第一位获此殊荣的中国农业科学领域的美国国家科学院外籍成员。美国国家科学院现已有20多名中国籍院士。

世界粮食奖基金会在其官网上发文,文中提到该基金会荣誉主席肯尼斯·奎因大使表示:"袁隆平教授去世,中国和世界失去了地球上最伟大的农业科学家,我失去了一位伟大的朋友。我想,100年后,中国和世界上还会有人在谈论袁隆平。这就是他取得的巨大成就。像诺曼·布劳格博士一样，袁教授谦逊得令人难以置信，从不追求名声或奉承，而是只关注能够帮助消除贫困并帮助人们摆脱饥饿的辛勤工作和成果。他在水稻试验田里总是比在办公室里看起来更自在，穿着工作服最舒服，就像布劳格博士一样。"

世界粮食奖基金会主席芭芭拉·L.斯廷森向袁隆平致敬，她说："袁教授为结束全球饥饿作出了巨大贡献，因此是我们最值得称赞的先驱之一。袁教授慷慨地将他的技术通过一个开放的平台提供给世界，这对结束饥饿作出了巨大贡献。当时，他不仅因为第一批杂交水稻品种而受到赞誉，还因为他有能力将土地从水稻生产转移到其他种类的食品生产上，包括鱼塘、水果和蔬菜，增加了中国营养食品的种类。"斯廷森还说：袁隆平建立了抗击粮食短缺和饥饿的全球遗产。他和他的研究伙伴走遍了世界各地，为水稻研究人员提供建议和咨询。中国国家杂交水稻工程技术研究中心已经培训了来自 50 多个国家的数千名科学家。随着杂交水稻遍布亚洲、非洲和美洲，世界各地的农民都从袁隆平的技术中受益。

多家外媒认为，袁隆平是中国的科学英雄，并对他几十年来的水稻研究工作给予高度评价，认为杂交水稻技术不仅给中国带来了巨大的利益，也是世界性的遗产。

而在中国，大家用"家痛国殇"来形容袁隆平离世带来的伤痛，人们用自己的方式追思和称颂这位民族英雄：

一稻济世，万家粮足。

侠之大者，为国为民。

袁老是人类一大福星！他不仅解决了中国人的吃饭问题，更为世界上解决饥饿和贫穷作出了杰出贡献！愿袁院士一路走好，袁老永远活在人民的心中！

袁老走好！一辈子为了我们的粮食着想！这才是时代的楷模！明天班会，要专门给孩子们科普一下！袁爷爷不是小学课本里的一个名字，而是多么真实、多么赤诚的一个人！

禾下老人，感激您，您让我们吃饱饭，让我们把饭碗牢牢地端在自己手里。91岁，您还在工作，为实现全球吃饱饭的远大理想而工作。您的精

人们追思袁隆平

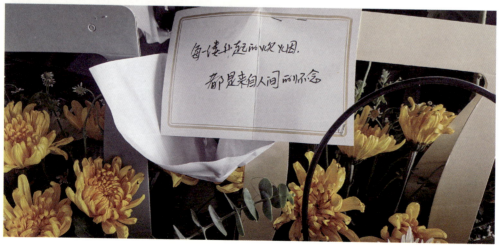

民众痛悼袁隆平

神深深地感染着我们后一代，您让我们有丰富的精神食粮！袁老，流芳千古！

这位耄耋老人给我们留下了丰硕的科学成果，同时也给我们留下了宝贵的精神财富。

你已经将论文写在祖国的大地上，有空就指导一下学生继续三系攻关。你是一个真正的、最值得我敬佩的学者！

袁先生是我国水稻育种界，乃至整个遗传育种界的标杆。他的离世对我国、世界"三农"发展都是巨大损失。

野生稻杂交稻超级稻，大国粮仓赖先生之力；三系法二系法一系法，世界目光仰先生之风。

时代的伟人，也是农业科技人永远的标杆。

一位老者，一颗赤子之心，对这片土地爱得深沉，他是稻田的忠实守望者。

以后每一年，稻花香里说丰年，都是您……

我们无法抵御浪潮，但会永远记住灯塔！

这样的功臣永远活在人民心里！

袁老，您创造了人类史上的奇迹，千秋万代传颂，子子孙孙铭记！

山外青山楼外楼，科学探秘永不休！袁老您是人类的衣食父母，人民永远怀念您！

袁爷爷您就是全世界人民心目中的英雄，您的梦想已经在世界上实现，老百姓过上了安逸的生活。感谢您，有您的创造，世界才变得如此精彩！

您如一缕阳光照亮了祖国，温暖了世界！

袁隆平一辈子做的都是有利于他人的事业，所以，他赢得了所有人的尊敬和爱戴。

您只是暂时告别了 91 年的严寒酷暑，以一颗星星的轨迹划过了浩瀚的天际。

功著寰宇，国士无双！

国之脊梁，功勋永存！

附 一

我在杂交水稻创新研究中的体会

袁隆平

第一，从杂交水稻研究的成果可以看出理论联系实际的重要性。任何一项科研成果都来自深入细致的实干、苦干。书本里种不出水稻，电脑里也长不出水稻。搞育种的就要坚持在第一线，重视实践。我常常召集助手们一起讨论，遇到困难就激发大家思考，这样才能在解决实际问题中增长知识和才干。

第二，学术上的自由思想和自主探索是很重要的。人要读书但不迷信书本，年轻人要尊重权威但不迷信权威。科学研究要敢于质疑，提出问题比解决问题更重要，质疑是科学研究的出发点、技术创新的原动力和获得成功的先决条件。

第三，搞科研不能怕失败，怕失败就不要搞科研。科研就像跳高，即使一次跳不过，也可以为下次积累经验。

第四，搞科研不要有门户之见，要充分挖掘科技人力资源，激发其更好地释放自主创新能力。

第五，多让年轻人继续学习和参加国内外的学术交流，这一点很重要。要创造环境使他们在学术上有建树、在科研上有成果，德才兼备，成长为学术领头人。

第六，在思维方法上，我主张：一、大胆假设，小心求证。科学的假设是一种逆向思维，往往以一种"不证自明"的公理形式出现，实际上是在长期的科研实践中形成的逻辑起点，进而进行推论和思维。二、善用直觉思维，把握灵感顿悟。灵感在科学研究中与在艺术创作中一样，具有几乎相等的重要作用。灵感是知识、经验、追求和思索综合在一起的升华产物，往往由某一外界因素诱发而产生，即所谓触景生情。同时，灵感常以一闪念（即思想火花）的形式出现。因此，在科学研究过程中，切勿放过思想火花。三、要学点辩证唯物主义哲学，也要懂点唯心主义哲学。

附　二

我的粮食梦助圆中国梦

袁隆平

我是从事杂交水稻研究的，我有两个梦：第一个梦是禾下乘凉梦，第二个梦是杂交水稻覆盖全球梦。第一个梦是我真正做过的梦。我梦见，我试验田里的超级杂交稻，长得比高粱还高，穗子有扫帚那么长，籽粒有花生米那样大。我很高兴，我跟我的同事、助手们就坐在瀑布般的稻穗下乘凉。杂交水稻覆盖全球是我追求的梦想。

水稻、小麦、玉米，是世界最主要的三大粮食作物。水稻是老大，世界上有一半以上的人以稻米为主食；我们中国更高，达60%以上。

为了保证粮食安全，解决十几亿人口的吃饭问题，我们国家在1996年启动了"中国超级稻研究计划"。超级稻就是超高产的意思，分3个时期：第一期产量指标是大面积示范亩产700公斤，第二期是亩产800公斤，第三期是亩产900公斤。2000年，我们实现了第一期超级稻的计划，现在正在大面积生产应用。2004年，我们比计划提前一年实现了亩产800公斤。第三期亩产900公斤，经过协作攻关，我们在2011年也实现了，比计划时间2015年提前了4年。2014

年，亩产突破 1000 公斤。

提高水稻的产量，要"四良"配套：一是品种要好，良种是核心。二是栽培技术要好，良法是手段。三是田要好，良田是基础。田不好的话，太沙或者太碱、太酸、有毒物质多，都不行。四是良态，气候要好。我们还不能控制气候，只能趋利避害，适应气候变化。

实现了亩产 1000 公斤之后，有人问，还有没有新的目标？我说，我还要发挥老骥伏枥的精神，实现我的禾下乘凉梦，向更高产量攀登。有人问，我的水稻产量有没有尽头？我说，从水稻光能利用率的理论来说，太阳辐射量的 5% 可以变为有机物。我们把这个理论的数字打对折，按 2.5% 的光能利用率来算，依据长沙的太阳辐射量，一季稻亩产可以达 1500 公斤。所以，实现了亩产 1000 公斤之后，再向更高的产量攀登，在理论上是完全可能的。这是我的第一个梦，要实现禾下乘凉梦。

第二个梦是杂交水稻覆盖全球梦。现在，全世界有 22.5 亿亩水稻，平均单产是 280 公斤。日本是科技先进国家，有两千六七百万亩水稻，平均单产是 450 公斤。印度是发展中国家，也是水稻大国，水稻平均亩产 200 公斤。我们的杂交稻种植面积达 2.5 亿亩，几乎是日本的 10 倍，水稻平均亩产超过 500 公斤，每年种植杂交稻增产的粮食可以多养活 7000 万人口。我们的第一期超级稻已经大面积应用，有 2000 万亩，平均亩产 550 公斤。第二期超级稻的种植面积近 1000 万亩，平均亩产 600 多公斤。第三期超级稻现在还没有大面积应用，估计平均亩产会达到 650—700 公斤。因此，我们中国人通过努力，完全可以依靠自己解决吃饭问题。

2012 年，中国的杂交稻在印度、越南、菲律宾、印度尼西亚、孟加拉国、巴基斯坦、美国等国家推广的面积有 520 万公顷，相当于 7800 万亩，平均每公顷产量比当地优良品种高出 2 吨左右。如果世界上有一半的稻田种上了杂交稻，增产的粮食，按平均每公顷增产 2 吨计算，可以多养活 4 亿—5 亿人口。

实现第一个禾下乘凉梦，我们正在攻关；第二个梦怎么实现呢？这里，我有几点建议。

首先，国家要更加开放一点，让我们最好的两系杂交稻走出国门。

其次，国家要扶植一两个种业龙头企业，走出国门。国家要给这些龙头企业更优惠的政策，鼓励它们打入和抢占世界市场。举一个例子，美国有个杜邦先锋海外种子公司，全世界 80% 的玉米种子都是它的。杜邦先锋海外种子公司的杂交玉米是相对优势，而我们的杂交水稻是绝对优势。美国杜邦先锋海外种子公司的种子占了世界 80% 的玉米种植面积，我的目标是中国的杂交水稻要覆盖全球一半。如果国家扶植几个龙头种业企业走出国门，只要政府的政策支持，我们的企业完全能够做到，而且效果非常好。我们每年都举办很多期国际杂交水稻技术培训班，向亚非拉几十个国家的技术人员传授技术。

最后，把长沙打造为"国际杂交水稻之都"。举全国之力，打造一个平台。这个平台集科研力量、种子资源、优秀人才于一体，成为杂交水稻的研究中心、国际培训中心、会议中心、展示中心、交易中心和信息中心等，使我们的杂交水稻有一个更好的平台，走向全世界。

（撰于 2013 年）

附 三

袁隆平科学思维之我见

辛业芸

在 20 世纪的长空里，灿如星辰的科技文明造就了许多奇迹。"东方魔稻"这一神话般的奇迹，不仅使一个泱泱大国——中国走出了吃粮受限的低谷，而且在世界范围内掀起了一场"绿色风暴"，给不同肤色的人民带来福音。这是一位中国科学家创造的奇迹，他就是"杂交水稻之父"袁隆平。在世界农业发展的史册上已定格了他的名字和成就，他的影

袁隆平与辛业芸合影

351

响已延伸至 21 世纪，并将延伸到更久、更远。

回顾袁隆平先生研究杂交水稻的历史，他走过的确实是一段开拓者坚定不移、坚韧不拔、创新超越的历程。自 20 世纪 60 年代初以来，他 50 多年的科研生活亦忧亦喜，使他的经历充满了传奇色彩。而杂交水稻事业发展过程中所获得的每一条经验与教训，折射的正是袁隆平先生学术思想的光芒。以我之见，主要从 4 个方面来记述袁隆平先生科学思维的特征。

第一，质疑。这是袁隆平先生科学思维方式中最根本的特征。

在杂交水稻的研究中，可以说，是在质疑的驱动下，袁隆平先生带领大家闯出了一片又一片新天地。

众所周知，杂交水稻是我国的专利，处于世界领先水平；袁隆平先生是世界上第一位成功利用水稻杂种优势的科学家。在他开始研究杂交水稻之时，几乎是没有任何经验可供借鉴的。虽然美国科学家琼斯在 90 多年前发现了水稻的杂种优势现象，但后来日本、印度、意大利、菲律宾等十几个国家先后开展研究，都因困难重重而搁浅。1961 年，一个偶然的机会，袁隆平先生在稻田中发现了一株"鹤立鸡群"的稻株。当时，袁隆平先生除了上课教学之外，还做一些试验研究，以检验他在读大学时所学米丘林、李森科的遗传学说。他从大学老师那里了解到孟德尔、摩尔根的近代遗传学说。袁隆平先生勤于思考，酷爱看书、查资料，从外文杂志上获得了更多的了解，并对这两种学说暗暗做了比较，心目中认为被斥为"反动的""唯心的"孟德尔、摩尔根的学说，比当时盛行一时的米丘林、李森科的学说似乎要先进些。袁隆平先生收集起"鹤立鸡群"稻株的种子，第二年又将种子继续进行试验，结果却令他大失所望。性状竟发生了分离，没有一株超过前代！他知道，经典著作中清清楚楚界定的"水稻是自花授粉作物，没有杂种优势"的概念，仿佛已是无争的定论。此时此刻，如果袁隆平先生被"水稻没有杂种优势"的理论禁锢的话，就不会有今日的杂交水稻了。可是，正因为他通过孟德尔、摩尔根的分离律，悟出那"鹤立鸡群"的稻株本是一株天然杂交稻，由此对"经典"产生了疑问。以后，才有了"要利用水稻的杂种优势，首推利用水稻的雄性不孕性"的设计思想；也才有了整套培育人工杂交稻的方案，即培育出不育系、保持系和恢复系，然后通过三系配套进行循环杂交，完成不育系繁殖、杂交制种和大田生产应用这样一套杂交水稻生产程序。可以说，这一质疑是袁隆平先生拉开杂交水稻研究序幕的前奏，导致了中国人通过自力更生、艰苦奋斗，取得杂交水稻研究的成功。

　　1970 年，袁隆平先生已进行杂交水稻研究 6 年了，带领助手先后用 1000 多个品种，做了 3000 多个杂交组合试验，却没有能够获得一个不育株率和不育度都达到 100%的雄性不育系。为什么结果不令人满意？一串串疑问涌上他的心头。在"文化大革命"中历尽逆境磨难也没被吓倒的袁隆平先生，在科研实践中遇到了难题，这使他陷入深深的思索。面对问题，他打开思维的大门，在遗传学关于杂交亲本亲缘关系远近对杂交后代影响的有关理论中找寻，终于认识到，几千个试验所用杂交材料亲缘关系太近是问题的本质。于是，他调整研究方案，提出了"用远缘的野生稻与栽培稻进行杂交"的新设想，这就是后来寻找野生稻，特别是发现和利用天然雄性不育的野生稻——"野败"作为重要研究材料的动因。事实证明，"野败"的发现，成为杂交水稻研究的突破口，带来了新的契机，表明科研探索中出现了一个重要转折。尔后仅用了两年，第一个雄性不育系——"二九南1号 A"培育成功，并在 1973 年实现三系配套；继而，具有划时代意义的、第一个具备较强优势的杂交组合"南优 2 号"便育成了。

在以后的科研实践中也是这样，袁隆平先生从不忽略任何一个疑问，更不放过对问题的解决。而当一个个疑问获得解决时，杂交水稻研究就一次次产生质的飞跃。

第二，大胆假设，小心求证。这是袁隆平先生科学思维方式中富于特色的特征。

科学的假设是学科发展的最大前沿问题，它标明了一种大胆创新，加以深入考证，一旦取得突破，对学科发展势必产生较大的影响。

常听杂交水稻研究领域的专家深有感触地说，袁隆平先生总是在杂交水稻研究处于迷茫或新的转折之时，提出正确的思路，令大家茅塞顿开，前进的道路豁然开朗。这就是袁隆平先生果敢假设、胆识过人之处。面对困难，他不是畏缩，而是善于抓住关键，凭借丰富的经验，为下一步工作提出合理的设计，并进一步在实践中验证。这一点在两系杂交稻的研究历程中体现得最充分。1987 年，袁隆平先生发表《杂交水稻的育种战略设想》一文，提出杂交水稻研究分为 3 个发展阶段的战略构想。1987 年，两系杂交稻作为国家"863"计划项目立为专题，由袁隆平先生担任责任专家，组织起全国性的协作攻关。由于有明确的指导思想，一批两系不育系迅速育成。然而，1989 年夏季的异常低温，使两系法杂交稻研究遭受严重挫折。一些经过鉴定、确认已经过了关的不育材料变成可育，出现"打摆子"现象，这一情况让两系杂交稻研究跌入低谷。袁隆平先生在此关头，对这些不育系一一进行考核与仔细分析，认识到选育实用的水稻光温敏核不育系，首先要考虑的是育性对温度高低的反应，而不仅是光照的长短。他认为，导致雄性不育的起点温度要低，这是最关键的指标。例如，根据历史气象资料，确定湖南的可育临界温度为 23 摄氏度，并重新提出了选育不育系的技术策略。这样的决策使专家们增强了信心，扫除了思想疑虑。经袁隆平先生这位设计大师的设计，湖南杂交水稻研究中心首先培育出了符合要求的低温敏不育系——"培矮 64S"，随后配制出"两优培特"组合，成为全国第一个通过省级鉴定的两用不育系和两系先锋组合。按照这一技术策略，一批实用的光温敏不育系和两系杂交组合陆续育成，使两系杂交水稻由试验研究转入生产应用成为可能。

随着两系杂交水稻研究的进一步推进，一个新的问题显现出来：出现光温敏不育系在繁殖过程中产生高温敏个体的比例逐年增加的现象。为了防止光温敏不育系的不育起点温度漂移，袁隆平先生又及时提出了水稻光温敏不育系的提纯方法和原种生产程序：单株选择→低温或长日低温处理→再生留种（核心种子）→原原种→原种→制种。这种提纯方法和原种生产程序，不仅解决了不育系因为不育起点温度逐代升高而失去实用价值的问题，而且简便易行，一株再生稻可生产出供 100 亩制种田使用的原种。因此，在生产上推广应用，迅速成为水稻光温敏不育系提纯和繁殖的新体系，效果很好。

两系杂交稻基本获得成功以后，袁隆平先生将选育高产亚种间杂交稻确定为新的主攻方向。他指出，要应用育种技术，克服各种障碍，将水稻亚种间强大的生物杂种优势，协调地转化为经济产量优势，特别是要把解决杂种结实率低而且不稳定和籽粒充实度不良的问题作为主攻对象，并提出选育高产亚种间杂交稻组合的 8 项原则：矮中求高、远中求近、显超兼顾、穗求中大、高粒叶比、以饱攻饱、爪中求质、生态适应。这些原则成为全国专家们开展深入研究的指导方针。1997 年，袁隆平先生又提出旨在提高光合作用效率的超高产杂交稻形态模式和选育技术路线，开始了中国超级杂交稻的研究。他当时认为，利用亚种间的杂种优势选育超高产组合，是最现实的有效途径。应该以"短平快"为主，即以"培矮 64S"为重点，进行更广泛的测交筛选，从中选出超高产组合。在这一技术路线的指引下，包括"培矮 64S"系列组合在内的超级杂交稻苗头组合纷纷应运而生，取得很大进展。以"两优培九"为代表的组合，于 2000 年达到了农业部制定的超级稻第一期大面积示范亩产 700 公斤的指标。此后，袁隆平先生带领团队奋力攻关，先后选育出"Y两优 1 号""Y 两优 2 号"等强优势组合，均比计划提前完成，并于 2004 年、2011 年先后实现了第二期大面积示范亩产 800 公斤、第三期大面积示范亩产 900 公斤的目标。他仍不满足，大胆假设通过提高株高，利用优势强大的亚种间杂种优势，培育新型的高度抗倒伏的超高产组合，指导攻关团队加强攻关。继 2013 年 9 月在湖南省隆回县羊古坳乡牛形村的第四期超级杂交稻中稻先锋组合"Y 两优 900"百亩示范片平均亩产达 988.1 公斤以后，2014 年、2015 年继续进行良种、良法、良田、良态"四良"配套攻关，于 2014 年10 月 10 日在湖南省溆浦县横板桥乡红星村达到百亩示范片平均亩产 1026.7 公斤的指标。2015 年，湖南隆回等示范片亩产均超过 1000 公斤，表明第四期超级杂交稻的目标已经实现。特别是最新育成的超级杂交稻"超优千号"，于 2015年 9 月 17 日在云南省个旧市大屯镇创下百亩示范片平均亩产 1067.5 公斤（即 16.01 吨 / 公顷）的世界纪录，取得第五期超级杂交稻攻关的重大突破。云南个旧大屯示范点在 2018年再次以"超优千号"为攻关组合，于 9 月 3 日达到平均亩产 1152.3 公斤（即 17.28 吨 / 公顷）的水平，再次刷新水稻大面积种植的单产世界纪录。

第三，善用直觉思维，把握灵感顿悟。这是袁隆平先生科学思维方式中颇具魅力的特征。

直觉思维属于一种创造性思维，它的表现是：长期实践活动中积累的潜在知识被"激活"成为一种思维元素，参与到新的思维过程之中，造就出激动人心的直觉创造成果。所谓直觉的洞察力、灵感的顿悟，正是这样。爱因斯坦认为，直觉的创造性思维是建立在经验基础上的。灵感不会来自神灵，就比如现在的根，深扎在过去，具有它得以发生的实践基础。袁隆平先生对灵感的领悟是十分深刻的，正因为如此，他时常在灵感火花的闪现中书写神奇。

如前所述，1961 年，袁隆平先生面对一株"鹤立鸡群"的稻株产生顿悟。灵感告诉他，这是一株天然杂交稻！"天然杂交稻既然存在，那么就可以探索出其中的规律，培育出人工杂交稻"，这个灵感传递给袁隆平先生莫大的信心和动力。他一生选择研究杂交稻，就因为他认定水稻不仅具有杂种优势，而且可以通过人工培育成功。

袁隆平先生曾做过一个梦：杂交稻长得像高粱一样高，穗子像扫帚一样长，稻粒像花生米一样大。他及同事们就在杂交稻下面乘凉、散步。他做这个梦，可以说是他追求杂交稻的超高产，日思夜想，达到了梦寐以求的境界。对于这个高难度课题，袁隆平先生在 1985 年就跟踪国际上的发展动态，提出选育超高产杂交稻的目标。30 多年来，他一直不畏艰难，孜孜追求。今天，一共 4 期的超级杂交稻目标均已实现。

第四，善用马克思主义哲学的立场、观点、方法指导科研实践。这是袁隆平先生科学思维方式具备科学性的特征。

我们看到，但凡在近现代科学史上能独树一帜，在理论上有重大发现、在技术上有划时代发明创造的卓越科学家和发明家，往往都十分重视哲理思维引导下的科学思维。20世纪的科学巨人爱因斯坦，在科学探索中深知哲学"是全部科学研究之母"。我国杰出科学家钱学森曾经说过："马克思主义哲学确实是一件宝贝，是一件锐利的武器。我们搞科学研究时，如若丢掉这件宝贝不用，实在是太傻了。"袁隆平先生一如中外许多科学家一样，十分重视对哲学的学习。他学恩格斯的《自然辩证法》，学毛泽东的《矛盾论》《实践论》，并善于以先进的哲学思维为导向，依托多种科学思维形式，指导实际工作。20世纪70年代初，杂交水稻研究进入重要的攻关阶段。当时配的一些杂交组合优势很强，但因为结实率不太高，产量与对照持平，稻谷没有增产，而稻草的产量增加了一倍。有些对杂交水稻持怀疑态度的人，针对"草多谷少"开始冷言嘲讽了："可惜人不吃草，要不然，杂交水稻就大有发展前途了。"但袁隆平先生并不灰心，而是进行认真的考证。他认为：水稻有无杂种优势，这是个大前提。表面上看，试验失败了，但本质上是成功的，因为它说明水稻有强大的杂种优势。至于优势表现在稻谷上还是稻草上，这是技术上的问题。既然有优势，我们通过技术上改进，可以把优势转到稻谷上来。袁隆平先生以辩证的眼光来看这个问题，及时纠正了观念上和技术上出现的偏差，使研究获得了进一步的理解和支持，对杂交水稻研究的最后成功而言，可谓意义重大。

　　袁隆平先生曾总结长期从事水稻育种研究的实践经验，

得出这样的体会：迄今为止，通过育种提高作物产量，只有两条有效途径：一是形态改良，二是杂种优势利用。单纯的形态改良，潜力有限；杂种优势不与形态改良结合，效果也差。其他育种途径和技术，包括基因工程在内的高技术，最终都必须落实到优良的形态和强大的杂种优势上，否则，就不会对提高产量有贡献。但是，育种进一步向更高层次发展，又必须依靠生物技术的进步。这是袁隆平先生重视实践、积累经验的结果。这段富于哲学思辨色彩的话，对于杂交水稻研究领域是至理名言；而对于作物遗传育种领域来说，也是真知灼见。它告诫育种家们要有清醒的认识，把握好方向，避免走弯路。这又是多么可贵的铺路石精神啊！

袁隆平先生当之无愧是我国科技界的杰出代表，他的事迹无疑是我们学习的榜样，他的理想、追求也是我们效仿的目标，他的科学思维更是我们宝贵的思想财富、力量源泉，正如美国著名农业经济学家唐·帕尔伯格所说："袁隆平先生正引导我们走向一个丰衣足食的世界。"笔者认为，袁隆平先生给予我们的还有健康而丰富的思想宝库，引导我们走进一个崇高并充满智慧的精神世界。

（此文原发表于《科学通报》2016 年第 35 期）

附　四

袁隆平院士大事年表

1929 年 8 月 13 日（农历七月初九）

出生于北平协和医院。

1931—1936 年

随父母先后在北平、天津、赣州、德安、汉口等地居住。

1936 年 8 月—1938 年 7 月

在汉口扶轮小学学习。

1938 年 8 月—1939 年 1 月

在湖南省澧县弘毅小学学习。

1939 年 8 月—1942 年 7 月

在重庆龙门浩中心小学（现重庆市南岸区龙门浩隆平小学）学习。

1942 年 8 月—1943 年 1 月

在重庆复兴初中学习。

1943 年 2 月—1944 年 1 月

在重庆赣江中学学习。

1944 年 2 月—1946 年 5 月

在重庆博学中学（现武汉四中·博学中学）学习。

1946 年 8 月—1948 年 1 月

在汉口博学中学高中学习。

1948 年 2 月—1949 年 4 月

在南京国立中央大学附属中学（现南京师范大学附属中学）高中学习。

1949 年 9 月—1950 年 10 月

在位于重庆北碚夏坝的相辉学院农艺系学习。

1950 年 11 月—1953 年 7 月

在西南农学院（现西南大学）农学系学习。

1953 年

9 月，毕业于西南农学院农学系，被分配到湖南省安江农业学校（现湖南省怀化职业技术学院）教书。

1956 年

在安江农校开始从事农业育种研究。

1961 年

在安江农校实习农场早稻田中发现特异稻株，随后根据实验推断其为天然杂交稻稻株，进而形成研究水稻雄性不孕性的思路。

1964 年

在洞庭早籼稻田中发现天然雄性不育株。

与邓则结婚。

1966 年

在《科学通报》1966 年第 17 卷第 4 期发表第一篇论文《水稻的雄性不孕性》。

国家科委致函湖南省科委及安江农校，支持袁隆平的水稻雄性不育研究。

1967 年

与李必湖、尹华奇正式组成水稻雄性不育科研小组。

1968 年

到广东海南岛开展冬季繁育。从这一年起，为了促进加代繁育进程，每年 10 月起就到南方的云南、广东、广西等地去进行南繁。

1970 年

助手李必湖和冯克珊在海南岛南红农场找到"野败"，为籼型杂交稻三系配套打开突破口。

1971 年

调至湖南省农业科学院新成立的杂交水稻研究协作组工作。

1972 年

选育出中国第一个应用于生产的不育系"二九南1号A"。

1973 年

在江苏省苏州市召开的第二次全国杂交水稻科研协作会议上，作题为《利用"野败"育成水稻三系的情况汇报》的发言，正式宣告中国籼型杂交水稻三系已配套成功。

1974 年

育成中国第一个强优势杂交组合"南优2号"，攻克组合选育优势关。

1975 年

赴海南指挥杂交水稻制种，任技术总顾问。制种面积达6 万亩，其中湖南省 3 万亩。

1977 年

发表《杂交水稻培育的实践和理论》与《杂交水稻制种和高产的关键技术》两篇论文，总结杂交水稻研究与应用的经验。

1978 年

出席全国科学大会并获奖。

晋升为湖南省农业科学院研究员。

1979 年

赴菲律宾出席国际水稻研究所召开的学术会议，宣读题为《中国杂交水稻育种》的论文。与会者公认，中国杂交水稻研究和推广应用处于国际领先地位。

获国务院授予的全国先进科技工作者与全国劳动模范称号。

任农业部科学技术委员会委员、中国作物学会副理事长等多种职务。

1980 年

应邀赴美国担任杂交稻制种技术指导工作，并赴位于菲律宾马尼拉的国际水稻研究所进行技术指导与合作研究。

在中国农业科学院与国际水稻研究所合办的国际杂交水稻育种培训班授课。

1981 年

以袁隆平为主的全国籼型杂交水稻科研协作组，获新中国成立以来国家颁发的第一个特等发明奖。

1982 年

被国际同行誉为"杂交水稻之父"。

1984 年

出任湖南杂交水稻研究中心主任。

1985 年

获世界知识产权组织颁发的杰出发明家金质奖章和荣誉证书。

1986 年

培育出杂交早稻新组合"威优 49"。

应邀出席在意大利召开的利用无融合生殖进行作物改良的潜力国际学术讨论会。

在湖南长沙召开的首届杂交水稻国际学术讨论会上作题为《杂交水稻研究与发展现状》的报告，提出今后杂交水稻发展的战略设想。

1987 年

任国家"863"计划两系法杂交水稻技术研究与应用专
题组组长、责任专家。

获联合国教科文组织颁发的 1986—1987 年度科学奖。

1988 年

育成光敏核不育系。

获英国朗克基金会颁发的农学与营养奖。

1990 年

任联合国粮农组织首席顾问，并受联合国粮农组织委
托，赴印度指导杂交水稻技术。

1991 年

任湖南省农业科学院名誉院长。

1992 年

出席并主持在湖南长沙召开的水稻无融合生殖国际学术
讨论会。

率中国代表团参加在菲律宾国际水稻研究所召开的第 2
届国际杂交水稻学术研讨会。

1993 年

获美国费因斯特基金会颁发的拯救世界饥饿奖。

1994 年

获首届何梁何利基金科学与技术进步奖。

1995 年

当选中国工程院院士。

获联合国粮农组织粮食安全保障荣誉奖。

任国家杂交水稻工程技术研究中心主任。

1996 年

出席由中共中央宣传部与中华全国总工会在北京人民大
会堂联合举行的"全国科技十杰"表彰大会，并发表题为《攀
登杂交水稻研究新高峰，解决中国人吃饭问题是我的毕生追
求》的演讲。

获日本日经亚洲技术开发奖。

1997 年

获"国际农作物杂种优势利用杰出先驱科学家"荣誉
称号。

1998 年

出席在北京召开的第 18 届国际遗传学大会，作题为《超

高产杂交稻选育》的报告。

出席在上海举行的第 6 届国际水稻分子生物学会议。

获日本越光国际水稻奖。

1999 年

袁隆平农业高科技股份有限公司正式挂牌成立。

出席在湖南长沙举行的"袁隆平农业科技奖"首届颁奖仪式暨袁隆平学术思想与科研实践研讨会。

出席在北京人民大会堂举行的"袁隆平星"小行星命名仪式。

2000 年

赴菲律宾国际水稻研究所参加水稻科研会议,宣读题为《超级杂交稻育种》的论文。

2001 年

获首届国家最高科学技术奖。

获菲律宾拉蒙·麦格赛赛奖。

2004 年

获以色列沃尔夫基金会颁发的沃尔夫农业奖。

主持杂交水稻研究 40 周年纪念大会暨国际杂交水稻与世界粮食安全论坛。

获美国世界粮食奖基金会颁发的世界粮食奖。

被评为中央电视台"感动中国·2004 年度人物"十大人物之一。

2005 年

在亚太地区种子协会年会上被授予杰出研究成就奖。

2006 年

当选美国科学院外籍院士。

2007 年

出席在湖南长沙举行的中国国家杂交水稻工程技术研究中心与美国杜邦先锋海外种子公司科技合作协议签字仪式，并代表中方签字。

2008 年

出席在湖南长沙召开的第 5 届国际杂交水稻学术研讨会，作题为《中国超级杂交稻研究的最新进展》的学术报告。

获"改革之星——影响中国改革 30 年 30 人""中国改革开放 30 年·影响中国经济 30 人"和"中国改革开放 30 年·中国'三农'人物 30 人"等荣誉称号。

2009 年

出席中国杂交水稻技术对外合作部长级论坛。

入选新中国成立以来 100 位感动中国人物。

2010 年

获法国最高农业成就勋章（指挥官级）、日本新潟国际粮食奖。

2011 年

赴台湾地区访问，开展学术交流。

获国务院授予的"全国粮食生产突出贡献农业科技人员"荣誉称号。

2012 年

获马来西亚马哈蒂尔科学奖。

获中国科学技术协会授予的"十佳全国优秀科技工作者"荣誉称号。

获中国非洲人民友好协会授予的"第4届中非友好贡献奖"。

赴印度海德拉巴出席第6届国际杂交水稻学术研讨会，并作指导杂交水稻未来发展的学术报告。

2013 年

出席首届菲律宾杂交水稻大会。

出席中国邮政在湖南怀化安江农校纪念园举行的《杂交水稻》特种邮票首发式。

2014 年

领衔攻关的两系法杂交水稻技术研究与应用获2013年

度国家科学技术进步奖特等奖。

领衔的科研团队承担的重大科研项目——超级杂交稻"种三产四"丰产技术研究与应用，获 2014 年度湖南省科学技术进步奖一等奖。

2015 年

9 月 19—22 日，受柬埔寨王国政府农业与农村发展委员会邀请，率团访问柬埔寨，考察该国农业发展及杂交水稻生产。

9 月 23 日，获香港世界华商投资基金会颁发的第 14 届世界杰出华人奖。

本年，领衔主持的超级杂交稻百亩高产攻关、"百千万"高产攻关示范工程、"种三产四"丰产工程、"三分田养活一个人"粮食高产工程四大粮食科技项目取得显著成效。

2016 年

3 月 23 日，在海南三亚举行的澜沧江—湄公河合作首次领导人会议澜湄国家合作展现场，为参观杂交水稻展览的中国总理李克强、泰国总理巴育、柬埔寨首相洪森、老挝总理通邢、缅甸副总统赛茂康、越南副总理范平明等六国领导人及随行的部长级官员 200 多人介绍中国超级杂交稻。

4 月 17—18 日，回到母校西南大学，参加西南大学组建 10 周年暨办学 110 周年庆典。

9 月 21 日，袁隆平论文《水稻的雄性不孕性》发表 50

周年座谈会在湖南省农业科学院隆重召开。

10月3日，在香港会展中心获首届吕志和奖——世界文明奖的持续发展奖。

10月20—21日，与夫人邓则一行回故乡江西德安参观考察，先后考察袁家山科普教育基地和新落成的隆平学校，并捐资10万元资助学校建设和发展。

11月24日，湖南省袁隆平农业科技奖励基金会第9届"袁隆平农业科技奖"颁给国家杂交水稻工程技术研究中心高原育繁示范中心、河北省硅谷农业科学研究院"超优千号百亩攻关"项目组、广东省"华南超级稻年亩产3000斤绿色高效模式攻关"项目组、湖北省蕲春县超级杂交稻"南方一季加再生稻百亩片超高产模式攻关"项目组、广西灌阳县"超级杂交稻超高产攻关"项目组、山东省莒南县"北方高纬度超级杂交稻百亩高产攻关"项目组、湖南省隆回县羊古坳镇"超级杂交稻高产攻关示范"项目组、湖南省广播电视台新闻中心新闻联播采访组等8个单位和集体。

2017 年

6月18日，由湖南省歌舞剧院创作的大型音乐剧《袁隆平》在湖南大剧院首演。

7月18日，由西南大学编排的讴歌袁隆平精神的校园诗境话剧《问稻》在西南大学校园首演。

10月18日，作为特邀人士列席中国共产党第十九次全国代表大会开幕式和10月24日的闭幕式。

本年，带领团队创造水稻较大面积示范（百亩连片）世界高产纪录，掌握了第三代杂交水稻育种技术，耐盐碱水稻研究、镉低积累水稻研究取得新突破，圆满实现"种三产四"丰产工程既定目标，推进了"三分田养活一个人"粮食高产工程，获国家科学技术进步奖创新团队奖，并获湖南省创新成果奖、湖南省科学技术进步奖一等奖各1项。

2018 年

4月12日，陪同前来海南三亚考察南繁工作的习近平，察看海棠湾的国家南繁科研育种基地"超优千号"超级杂交水稻展示田。

8月31日，几内亚比绍共和国总统若泽·马里奥·瓦斯访问湖南杂交水稻研究中心时，邀请袁隆平访问几内亚比绍，进行考察调研。

9月3日，袁隆平超级杂交稻云南个旧示范基地刷新水稻大面积种植产量世界纪录，百亩示范片平均亩产达1152.3公斤。

9月6日，塞拉利昂共和国总统朱利叶斯·马达·比奥访问湖南杂交水稻研究中心时，希望袁隆平能将杂交水稻推广至塞拉利昂提高稻米产量，帮助当地解决粮食安全问题，并为塞拉利昂人民带去福祉。

9月7日，出席在湖南长沙举行的首届国际稻作论坛开幕式。

9月，与中国科学院院士李家洋、张启发共同获第3届未来科学大奖"生命科学奖"。

12 月 18 日，作为杂交水稻研究的开创者，被中共中央、国务院授予"改革先锋"荣誉称号，并获颁"改革先锋"奖章。

2019 年

2 月 27 日，主持完成的"第三代杂交水稻"项目获湖南省技术发明奖一等奖。

3 月 28 日，在博鳌亚洲论坛 2019 年年会上与中共中央政治局常委、国务院总理李克强亲切会见，并向李克强呈上关于请求设立国家耐盐碱水稻技术创新中心的报告。

6 月 3 日，亲笔签发《科研任务告示》，提出湖南杂交水稻研究中心当前三大重点科研任务为：超级稻高产攻关、耐盐碱水稻品种选育、第三代杂交水稻技术应用推广。

9 月 29 日，在中华人民共和国国家勋章和国家荣誉称号颁授仪式上，接受中共中央总书记、国家主席、中央军委主席习近平颁授的"共和国勋章"。

2020 年

11 月 2 日，袁隆平院士团队实现普通生态区双季稻产量重大突破——在湖南省衡南县云集镇 30 亩示范田里，第三代杂交晚稻和第二代杂交早稻双季亩产突破 1500 公斤，达 1530.76 公斤。

11 月 16 日，获得智利麦哲伦海峡奖。

2021 年

5 月 9 日，提出的"3000 斤工程"项目在海南三亚示范种植的早造超级杂交稻测产平均亩产达 1004.83 公斤，有望全年双季亩产达到 1500 公斤。

5 月 22 日，在湖南长沙病逝。

附　五

袁隆平院士所获主要奖励

国内：

1981 年 6 月，国家技术发明特等奖；

1999 年 10 月，全国"杰出专业技术人才"奖章；

2001 年 2 月，首届国家最高科学技术奖；

2007 年 9 月，全国道德模范；

2012 年 12 月，全国粮食生产突出贡献农业科技工作者称号；

2014 年 1 月，国家科学技术进步奖特等奖；

2018 年 1 月，国家科学技术进步奖创新团队奖；

2018 年 9 月，未来科学大奖"生命科学奖"；

2018 年 12 月，"改革先锋"荣誉称号；

2019 年 9 月，"共和国勋章"。

国际：

1985 年 10 月，世界知识产权组织颁发的杰出发明家金质奖章；

1987 年 11 月，联合国教科文组织颁发的科学奖；

1988 年 3 月，英国朗克基金会颁发的农学与营养奖；

1993 年 4 月，美国费因斯特基金会颁发的拯救世界饥饿奖；

1994 年 5 月，首届何梁何利基金科学与技术进步奖；

1995 年 10 月，联合国粮农组织颁发的粮食安全保障荣誉奖；

1996 年 5 月，日本经济新闻社颁发的日经亚洲技术开发奖；

1997 年 8 月，第三届作物遗传与杂种优势利用国际学术会（墨西哥）颁发的"国际农作物杂种优势利用杰出先驱科学家"荣誉称号；

1998 年 11 月，日本越光国际水稻奖事务局颁发的越光国际水稻奖；

2001 年 8 月，菲律宾拉蒙·麦格赛赛奖基金会颁发的拉蒙·麦格赛赛奖；

2002 年 5 月，越南政府颁发的越南农业和农村发展荣誉徽章；

2004 年 5 月，以色列沃尔夫基金会颁发的沃尔夫农业奖；

2004 年 9 月，泰国皇室颁发的"金镰刀"奖；

2004 年 10 月，世界粮食奖基金会颁发的世界粮食奖；

2005 年 11 月，亚太地区种子协会颁发的 APSA 杰出研究成就奖；

2010 年 3 月，法国政府颁发的法兰西共和国最高农业成就勋章（指挥官级）；

2010 年 10 月，日本新潟国际粮食奖事务局颁发的新潟国际粮食奖；

2012 年 1 月，马来西亚马哈蒂尔科学奖基金会颁发的马哈蒂尔科学奖；

2016 年 10 月，吕志和奖有限公司颁发的吕志和奖——世界文明奖。

2020 年 11 月，智利外交部国家形象委员会颁发的麦哲伦海峡奖。

后 记

2021年5月22日，当《袁隆平画传》即将付梓时，袁隆平院士与世长辞了。一直守护在医院的我，瞬时悲痛万分，泪水湿襟，百般感受齐上心头，往事历历在目，追忆阵阵袭来⋯⋯

在袁隆平院士身边工作25年，我深感无时无刻不在感受他的言传身教和精神内涵。他享有"杂交水稻之父"的美誉，被世界同行公认为杂交水稻技术的创始者；在国内，我国迄今为止唯一一个技术发明特等奖也授予袁隆平院士团队。众所周知，杂交水稻作为新中国完全自主创新的成果，从诞生之日起，就由于大幅度增产，担当起为中国解决吃饭问题的重要角色，一直以来承载着为国家经济发展保驾护航的重任。50多年来，杂交水稻技术的发展由三系到两系，超级杂交稻再领风骚二十载，如今又奏响第三代杂交稻的乐章，再一次迸发出杂交水稻升级换代的能量。所以，中国人长久以来对杂交水稻怀有深厚的感情，因为它实实在在为保障中国粮食安全发挥了巨大作用。功勋卓著的袁隆平院士获得新中国首次颁授的"共和国勋章"。中国杂交水稻技术遥遥领先于世界，中国也在水稻研究领域傲立世界民族之林。

"一粒种子"不仅解决了中国人的吃饭问题，甚至成为保障世界粮食安全的法宝。

（一）

袁隆平院士始终保持着旺盛的创新势头，背后究竟是什么精神和力量？我一直在琢磨这个问题。我想，随遇而安可能是很多人的生活态度。但通过长时间的了解，我懂得袁隆平院士是一个不安分的人，他的身上写有不墨守成规、好奇心强、从不满足等符号。他大学毕业后被分配到湖南安江农校教书，因为当时学校课多老师少，特别是像他这样科班出身的老师更少，他每天的课都排得满满的。安江农校环境优美，他教书育人，不愁吃穿，蛮可以舒服度日的。可他偏偏闲不住，课余时间都被用来搞科学试验。在1961年夏季的一天，他仍旧在课余来到稻田间观察，猛然发现一株"鹤立鸡群"的稻株。后来，正是这株奇特的水稻给他带来灵感——这是一株"天然杂交稻"。杂种优势本就是自然界存在的普遍现象，这说明水稻也不例外！尽管1926年美国的琼斯已发现水稻具有杂种优势现象，可事实上，经典遗传学原理表明：自花授粉作物自交不会使旺势消灭，异交一般不表现杂种优势；当时的教科书和业界也已经作了"水稻是自花授粉植物，杂交无优势"的定论。袁隆平院士当时有能力同权威较劲吗？

袁隆平院士说过，搞科研本身就是创新。也许正是因为创新本身具有的强大诱惑力，不安分的他还真是要叫这个板。他认为，作物杂交有无优势，决定性的因素不在于自花授粉或异花授粉的繁殖方式，而在于杂交双亲的遗传性有无差异。他义无反顾地决定勇闯"水稻等自花授粉植物没有杂种优势"的禁区，因为他深信：真正的权威永远来自实践。他看到"天然杂交稻"表现了明显的杂种优势；而且接下来，他做了人工杂交试验，杂种第一代表现出杂种优势现象。这自然界反复出现的铁一般事实证明，如果盲从"权威"，很可能与真理失之交臂。他认定，既然水稻有杂种优势，成功利用水稻的杂种优势，就可以获得增产。于是，他从选定水稻雄性不育的研究课题入手，坚定了培育杂交水稻的信心。经过9年备尝艰辛，他终于取得了成功。

前国际水稻研究所所长斯瓦米纳森博士曾在袁隆平院士80岁生日时致贺，并高度评价他："没有人认为自花授粉植物——水稻，能够取得商业化的成功。开发利用其杂种优势，你使不可能变成了可能。"袁隆平院士不但勇敢挑战，而且不畏艰难，成为世界上成功利用水稻杂种优势的第一人，实现了水稻育种上的历史性突破，被世界誉为"杂交水稻之父"，这是对他作为杂交水稻"创始者"的高度赞誉。

（二）

袁隆平院士常说："我是个从小就爱跳高的人。现在搞科研，就像在跳高，跳过了一个高度，又有一个新的高度在等着你。"科学进步永无止境。我认为,这种对科学的探究本身是一种天性。袁隆平院士怀揣这种天性,在科研的道路上总不觉得满足。

众所周知,20 世纪 70 年代中期,杂交水稻在中国成功地推向生产应用,增产幅度达 20%。其实那个时候,袁隆平院士已经功成名就,蛮可以躺在功劳簿上了。可是,他并没有放弃追求,年过 50 岁了,又牵头带领全国专家组成的协作组,开展两系法杂交水稻的攻关研究,1995 年再度取得成功。他马不停蹄,又继续挑起杂交水稻超高产攻关研究的大梁。我有幸见证了袁隆平院士指挥研究超级杂交稻的全过程。从 1997 年踏上攻关超级杂交稻的新征程起,不到 20 年,他就带领研究团队先后于 2000 年、2004 年、2011 年、2014 年,实现超级杂交稻大面积示范亩产 700 公斤、800 公斤、900 公斤、1000 公斤的第一期、第二期、第三期、第四期目标。又到圆满收官时,想必他也问自己:要止步吗?但他的选择是:满意而不满足!因为他对国外科学家的预测有所了解:从水稻光能利用率的理论来说,太阳辐射量的 5% 可以变为有机物。他说:"我把这个理论数字打对折,按 2.5% 的光能利用率来计算,依据在长沙的辐射量,一季稻可达亩产 1500 公斤。所以,亩产 1000 公斤实现之后,再向更高的产量攀登,在理论上是完全可能的。"袁隆平院士始终勇往直前,向着选育产量更高的超级杂交稻努力奋斗!正因如此,他实现了一个目标,又有新的目标刺激他去捕捉。2018 年,在大面积示范中,超级杂交稻产量再攀新高峰:平均亩产突破 1100 公斤大关。特别是云南省个旧市大屯镇的百亩示范片实现平均亩产 1152.3 公斤，刷新水稻大面积种植世界纪录！

超级杂交稻不断推高的目标的连续实现，印证了袁隆平院士"永不满足"的灵魂。他对杂交水稻超高产的探求，简直像上瘾着魔一样。他用成语"如虎添翼"形容超级杂交稻。国际会议上，与会代表都兴致勃勃地向他祝福"tiger with wings"。袁隆平院士通过幻灯将"水稻瀑布"的照片打出来，引来惊叹"rice waterfall""wonderful rice"！我觉得，杂交水稻已经成为袁隆平院士手中把玩的艺术品，而他使这件艺术品达到了炉火纯青的境界！他带领团队兼程奋战，又使超级杂交稻宛若一个温顺的孩子，在他的精心浇灌、培护下茁壮成长。纪录屡被刷新，为水稻发展历史一遍遍书写着新的篇章。有人问袁隆平院士：超级杂交稻亩产 1100 公斤的目标实现了，您还有新的目标吗？其实，人们都注意到了一个细节：2019 年 9 月 29 日，在中华人民共和国国家勋章和国家荣誉称号颁授仪式上，中共中央总书记、国家主席、中央军委主席习近平给袁隆平院士授勋时问道：杂交水稻有什么进展？袁隆平院士回答：我们正在向亩产 1200 公斤冲刺！

袁隆平院士说：科学探索无止境。探秘就是他的人生快乐，也是他的职业精神，他乐此不疲。他还说："我感到最愉快的事是出新成果，这个成果给不给我带来荣誉是另外一回事，无所谓。能够在灵魂上得到安慰、有所寄托，就要出新成果。我不会停留在原有成绩的基础上。一个人最恒久的境界，还是拼搏和奉献。"他将对事业的追求做到了极致！中国科学院院士钱前曾说：我们得以平视世界，袁隆平功不可没！

（三）

追求水稻高产更高产，不仅使袁隆平院士感到探索的乐趣，更使他尤感无比的欣慰。他说，他有两个梦：第一个梦是禾下乘凉梦，第二个梦是杂交水稻覆盖全球梦。他毕生的梦想，就是让所有的人远离饥饿。天下兴亡，匹夫有责。怀着初心和使命，他的大脑长期以来时时紧绷着一根养活人口数的弦。

多年前，他在安江农校第一次当班主任时的毕业生，专程来长沙聚会，他们回忆起 1954 年遭水灾的情景。当时，湖南的灾情尤为严重，洞庭湖区的堤垸全被淹了，粮食严重减产。全国粮食是实行定量供应的，学生们当时正在长身体，每天供应的大米远远不够吃。他们记得，袁隆平院士一边忍受着饥饿，一边安抚着大家的情绪："这是天灾。目前情况下，谁也无法控制'天公'。但我们是学农的，解决人民的吃饭问题是我们的天职。"于是，他带领学生们到试验田里一垄一垄地摸索，从改良土壤着手，提高土地肥力，接着实行精耕、遗传育种……尝试着，一步一步解决粮食增产问题。

袁隆平院士当时作为一名普通的人民教师，所作所为却站在民族利益的高度，践行一介匹夫之责。我由此看到，做人如果像袁隆平院士这样，认真到把个人命运与民族命运紧紧相连的地步，将责任感与使命感根植于心，敢于担当，就会产生强大的影响力，人生价值必定也是不同凡响的。

哪怕是到了粮食在中国已不成问题的今天，袁隆平院士仍然保持着高度的忧患意识。他提出加快超级杂交稻推广的"种三产四"丰产工程，这项工程于 2006 年在湖南省率先实施。他曾如此展望的：努力实施好这项工程，国家下达给湖南的到 2020 年增产稻谷 20 亿公斤的任务就能圆满完成。湖南省委、省政府极为支持"种三产四"丰产工程，分管农业的副省长亲自挂帅，指挥湖南落实"种三产四"计划，进展突飞猛进。到 2017 年，"种三产四"丰产工程累计示范推广面积已达 1500 万亩，增产稻谷 17.73 亿公斤。此后，袁隆平院士又提出，在北回归线以南的中、低海拔地区及长江流域，实施"三分田养活一个人"的粮食高产工程。比如，通过种植双季超级杂交稻、超级杂交稻加一季马铃薯等模式，使三分田年产粮食 365 公斤，足够一个人全年的口粮。2020 年，在新冠肺炎疫情毫无先兆地袭击整个世界时，他在《农民日报》上刊登文章表示：大力推广超级杂交稻，力争为国家增产粮食 100 万吨，激励人们要一手抓抗疫、一手抓生产，重视和加强粮食生产。事实证明，他的先知先觉完全正确，因为笼罩在新冠肺炎疫情下的很多国家纷纷提出禁止本国粮食出口，中国人必须完全靠自己了。有人说，袁隆平院士发声，使全体中国人吃了定心丸。此后，袁隆平院士再次提出实施"3000 斤工程",即应用第三代杂交稻的新成果,使双季稻全年亩产达 3000 斤。长此以往,他都是这样高瞻远瞩地视中国的粮食安全问题为重大关切。袁隆平院士的确是习近平总书记关于"把中国人的饭碗牢牢端在自己手中"重要指示的忠实践行者。

中国饭碗要装中国粮。袁隆平院士说:必须藏粮于技、藏粮于地。于是,他在深挖水稻单产潜力的同时,拓展了扩大水稻种植面积的新思路:要利用盐碱荒滩,发展耐盐碱水稻。2019 年 3 月 28 日,在海南博鳌出席博鳌亚洲论坛 2019 年年会的中共中央政治局常委、国务院总理李克强,于百忙中会见了袁隆平院士。这是因为,袁隆平院士站在维护国家粮食安全的高度,提出了关于大力发展耐盐碱水稻研发事业的建议,引起李克强总理和科技部、农业农村部等有关部门的高度重视。这项挑战性技术创新计划意味着,8 年之内将种植耐盐碱水稻 1 亿亩左右,按亩产 300 公斤计算,可年产稻谷 300 亿公斤,相当于湖南省全年的粮食总产量,能够多养活 8000 多万人口。

袁隆平院士总是从最高远的视角对待他的科研事业。我常常感叹,他忧患国家的命运和人民的疾苦的思虑,细致到养活每一个人的问题。拥有这样高度责任感的"匹夫",他不愧为最有使命感的"匹夫"!他总是这样勇挑重担,美国学者布朗所谓"未来谁来养活中国",岂能不是杞人忧天?

袁隆平院士是博爱的人,始终在践行"发展杂交水稻,造福世界人民"的崇高追求。因此,世界粮食奖基金会在颁发给他世界粮食奖时评价：袁隆平院士因 30 多年卓越研究的宝贵经验和为促使中国由粮食短缺转变为粮食充足供应作出的巨大贡献而获奖。他正在从事的超级杂交稻研究，为保障世界粮食安全和解除贫困展示了广阔前景。他的辉煌成就和远见卓识，还营造了一个粮食更为富足、粮食安全更有保障的更加稳定的世界。同时，他致力于将技术传授并应用到包括美国在内的其他 10 多个国家，使这些国家已经受到很大的神益。

（四）

不平凡的一生，造就袁隆平院士成为精神史诗般的人物。

他仿佛是矛盾的统一体。比如，他当年在国内封闭的条件下潜心研究杂交水稻，但从来就不缺乏前沿的认识、国际的视野、战略的头脑；他既恪守科研的严谨，又爱好自由散漫；他思维超前，但"享受"落伍；他既下田劳作、不修边幅，又喜欢唱歌、会拉小提琴、会跳踢踏舞，既下里巴人，又阳春白雪……人们会觉得，一切都十分完美地在他身上得到和谐统一。

记得 2004 年，袁隆平院士被评为感动中国人物时，颁奖辞这样写道：他是一位真正的耕耘者。当他还是一个乡村教师的时候，已经具有颠覆世界权威的胆识；当他名满天下的时候，却仍然只是专注于田畴，淡泊名利，一介农夫，播撒智慧，收获富足。

是的，袁隆平院士看似平常，却书写非凡。他常常被媒体形容为土得掉渣儿的农民，甚至曾以为他是农民知识分子，或误认为他是从农民当中走出来的科学家。然而，他出身于书香门第，早年辗转生活在中国几大重要城市。按理说，他很难与"农"结缘，但他一朝遇农，不枉痴狂，不仅痴情中国稻粱谋，而且放眼世界饱苍生。他就宛如上天派下来解救饥饿的农神一般，一生一事、一世一稻，永恒坚守，永不停歇。

袁隆平院士是科学家，但钟爱艺术。我们能够体会到，他为杂交水稻赋予诗的境界，哪怕在科研中追求灵感都不忘艺术的感悟。他说：灵感在科学研究中与在艺术创作中一样，具有几乎相等的重要作用。灵感是知识、经验、追求和思索综合在一起的升华产物，往往由某一外界因素诱发而产生，即所谓触景生情。同时，灵感常以一闪念（即思想火花）的形式出现。因此，在科学研究过程中，切勿放过思想火花。猜想他当年观察"鹤立鸡群"的稻株进而闪现"天然杂交稻"的灵感时，必定经历了这样一种艺术创作般的体验，才有如此科研沟通艺术的感悟。

袁隆平院士连做梦都带有艺术的想象力，把人们曾经食不果腹的惨痛记忆幻化成丰收后浪漫的诗情画意——禾下乘凉梦——他带领助手们在杂交水稻下乘凉。他说过：中国的现代农业不仅要机械化，还要艺术化。可是，他不是幻想空中楼阁，而是实实在在地为农民把水稻产量提得很高很高。

他说：农民光靠种粮食富不起来，所以，要为他们谋划"曲线致富"之路。他真正把情怀融入他事业的诗歌之中。

<h1 style="text-align:center">（五）</h1>

2019 年，袁隆平院士光荣地加入"90 后"，但他说："我还老骥伏枥，壮志未已。我还要实现我的两个梦。"人们看到，步入鲐背之年的他，仍然一如既往地奔赴海南三亚，进行杂交水稻的南繁研究。到了后来，南繁过程中，他已经躺在病床上了，依然惦念着他的杂交水稻事业。哪怕是到了最后，他还放心不下杂交水稻，心中记挂的不是第三代杂交水稻研发，就是杂交水稻的各个技术环节。他细致地过问与杂交水稻相关的每一个细节，关心气温、天气，关心播种、制种，念叨着"要开会""有几点要注意"。可以想象，他的头脑里在放映一部杂交水稻的电影大片。他像个总导演，指挥着每一项工作，还要布置杂交水稻研发的各项任务。

袁隆平院士割舍不下第三代杂交水稻，因为他认为，第三代杂交水稻技术一定是我国杂交水稻育种技术的发展方向。在"共和国勋章"颁授仪式上，袁隆平院士回应习近平总书记的正是这一神秘重器。如今在试验田中，双季稻亩产已超过 3000 斤。这具有里程碑意义的重大进展，标志着杂交水稻技术发展进入新的历史时期。

袁隆平院士作为一个视事业如生命的人，已经置生死于度外，杂交水稻成为他的灵魂。他就像杂交水稻事业的精神图腾，超越了生死。

同时，他也表现得异常乐观和坚强，在病势越来越重之时，都难以听到他说哪里不舒服，或哪里疼痛。袁隆平院士展现给人们的，永远是他良好的状态和乐观的心态。他以超凡的意志力，在过去的岁月中不惧杂交水稻事业追求中的艰难险阻；而在面对生死的态度上，他对生老病死带来的痛苦同样默默承受而不怨天尤人，对生死表现出从容的淡定。直到生命的最后时刻，他还在病床上，与我们一起唱他最喜欢的歌曲——《我的祖国》《歌唱祖国》《红色娘子军连歌》《红莓花儿开》等经典老歌。他的"长征组歌"打上了乐观坚强的烙印，使我的心灵受到巨大震撼。他以一种超凡的力量，化作一种精神，永远激励着人们。

我视他为一个完美的人。袁隆平院士已化为耀眼的星辰，高挂天空，俯瞰大地。他的人生已定格为指路的明灯，照耀着我们继续他的未竟事业，实现他禾下乘凉梦和杂交水稻覆盖全球梦的伟大梦想，使杂交水稻事业永续发展、造福世界。

喜看稻菽千重浪，最是风流袁隆平。无论生前身后，他都是全社会不分性别、年龄、职业的人们的偶像，永存大家心间。很多年前，我在机场书店看到一本《宋美龄画传》，当即产生要为袁隆平院士编一本这样画传的念头。近年来，作为长期在袁隆平院士身边工作的人员，我深怀一份责任，并得到他亲自授权，整理了这本《袁隆平画传》，奉献给他的粉丝和广大读者们，希望满足人们纪念和缅怀袁隆平院士这位神奇人物的心愿。在撰写书稿期间，我感到这项工作的光荣和做这件工作的快乐。将袁隆平院士这位为人类克服饥饿而战的科学家闪耀科学与人格光芒的点点滴滴记录下来，特别是用大量图片直观呈现他的人生奋斗历程，是非常有价值、有意义的事。

在本书编撰过程中，袁隆平院士本人及其夫人邓则老师和他的所有家人都十分关注，花费了不少心血。中国工程院、中国科协、湖南省农业科学院、湖南杂交水稻研究中心暨国家杂交水稻工程技术研究中心和袁隆平农业科技奖励基金会、隆平高科等单位，对这项宣传袁隆平院士事迹和精神的工作也非常关心支持。湖南省农业科学院党委书记柏连阳及院长单杨等院领导，湖南杂交水稻研究中心的齐绍武、张德咏、陈红怡等领导班子成员，均高度重视。特别是湖南杂交水稻研究中心档案室以及张桥、黄伟玲、邓林峰、黄婧、谢兵等同事，为档案等资料的提供和查询等工作付出了很多辛劳。谢长江、全永明、青先国、邓华凤、罗闰良、马国辉、彭既明、赵炳然、魏科、张其茂、吴朝晖、廖伏明、邓启云、李承夏、田妍、黄思娣、朱虹瑾、李超英、张卓才、杨耀松、罗路斌、付元融、杨晓红、陶璨、许文燕、李亦群、谭思思、罗琳、陈娇、欧阳红、欧阳爱辉、戴牛松等同事，也给予了大量帮助。农业农村部办公厅的刘均勇、常俊虹，美国水稻技术公司首席执行官顾问褚启人，菲律宾华商会会长林育庆，广州海峡文化交流促进会会长刘敏等朋友，都积极鼓励，并大力相助。感谢新华社、人民日报社、光明

后 记

日报社、科技日报社、农民日报社、中国青年报社、湖南日报社、湖南卫视、长沙晚报社、致富快报社等新闻媒体及其记者，尤其是王平、林承先、谷一均、杨武敏、谭毅挺、吕学谦、朱世骏、赵众志、王建平、韩世祺、汤德胜、易可可、李杜、周勉、老后、刘一民等很多著名摄影记者，他们拍摄了袁隆平院士各时期、各场景的照片，堪称精品，十分珍贵；感谢傅国、傅博、常立沙、张建福、吕川根、丁忠民、何光华、陈德玖、袁联伟、胡佳武、王聪田、谢培荣、邓玉琼、曾春晖、卢以群、丁习钧、余顶新、向鹏、谢放鸣、曾艳、黄大辉、唐敏、张立军等众多友人，也提供了很好的照片和资料，为本书成书作出重要贡献。袁隆平院士曾工作过的安江农校（现湖南省怀化职业技术学院），他的母校西南大学、武汉博学中学、南京师范大学附属中学、重庆市南岸区龙门浩隆平小学、湖南省澧县弘毅小学，以及他的家乡江西省德安县政协与县志办、袁家山科普教育基地等，也为充实珍贵的历史资料给予了很多帮助，在此特别致谢！由于本书内容的时间、空间跨度很大，可能涉及一些信息、资料和图片，以及从不同角度给予过关心和支持的人士，因作者无法一一与有关人员取得联系或标明出处，未能逐一鸣谢，但为本书增色不少，借此衷心希望能得到各位人士的理解和支持，并表达最诚挚的谢忱！

特别感谢农业农村部原党组书记、部长韩长赋同志，美国世界粮食奖基金会荣誉主席肯尼斯·奎因先生的厚爱，他们特为本书作序。同时，衷心感谢施芝鸿老师和曾松亭博士对本书给予的特别支持！

敬请各位读者为本书提出宝贵意见，以便在今后更正。
我的联系方式：湖南省长沙市芙蓉区远大二路 736 号湖南杂
交水稻研究中心（邮编：410125）；电话：0731—82872876；
电子邮箱：xinyeyun@hhrrc.ac.cn。

辛业芸

2021 年 7 月 22 日